Ulysses von Salis-Marschlins

Fragmente der Staats-Geschichte des Thals Veltlin, Clefen und

Worms

aus Urkunden, von Ulysses von Salis

Ulysses von Salis-Marschlins

Fragmente der Staats-Geschichte des Thals Veltlin, Clefen und Worms
aus Urkunden, von Ulysses von Salis

ISBN/EAN: 9783743445079

Hergestellt in Europa, USA, Kanada, Australien, Japan

Cover: Foto ©ninafisch / pixelio.de

Ulysses von Salis-Marschlins

Fragmente der Staats-Geschichte des Thals Veltlin, Clefen und Worms

Fragmente

der

Staats-Geschichte

des Thals Veltlin

und

der Grafschaften Clefen und Worms,

aus Urkunden,

Dritter Band,

die historischen und rechtlichen Beweise enthaltend.

DEO PROPITIO
VALLISTELLINA
IMTERIUM
ADEPTA SUNT

Veritatem magis quam Victoriam quærimus. *J. Lipsius.*

1792.

Reichs-Hiſtorie, *Theil* 2. *Buch* 1. Gibbon, Tom VI. p. 251.

(5) V. Agathiæ Hiſtoriar. Lib. 1. p. 17 *und* 18. *Bünau* l. c.

Tſchudi Hauptſchlüſſel der Alterthümer, Buch 2. Theil 1. Cap. 3. Pütter Entwickelung der Staatsverfaſſung des deutſchen Reichs ſagt: es ſey vermittelſt einem mit dem König Vitiges im Jahr 536 *geſchloſſenen Tractat geſchehen.*

(6) V. Georg. Turonenſis Epiſcop. Hiſt. Franc. Lib. 10. C. 3. & Bullam Friderici I. Imperatoris de Limitibus Epiſcop. Conſtantiæ in Chronic. Conſtant. Statim inito apud Piſtorium in Tom. III. ſcript. Rer. Germanic. p. 623. ex qua liquet, quod Dagobertus Rex terminos inter Rhætiam et Burgundiam conſtituit.

(7) V. Paul. Diaconi de geſtis Longobardorum, - Lib. 3. Cap. 9. Cap. 17. Cap. 22. Cap. 30. *und vornemlich* Cap. 32.

Gregor. Turonens. Hiſt. l. c.

Caſſiodori variar. Lib. 11. Epiſt. 14. ubi— Comum civitatem quaſi murum quidam planæ Liguriæ & munimen clauftrale provinciæ nuncupat.

(8) V. Teftamentum Tellonis Episcop. Curienfis apud Luningium Spicilegio Ecclefiaftico Tom II. *Unfer vortrefliche Müller in feiner Gefchichte der Eidgenoffen, Buch I, Cap. X. Anmerkung* 65, *behauptet mit Recht, diefe beyde Orte feyen wirklich eben die, fo noch heut zu Tag diefen Namen tragen.*

(9) Vid. Collect. Rerum Gallicarum & Francicarum, Scriptorum et Diplomatum, Parifiis in fol., Tom. V. Diploma 27. p. 731. Item Mabill. Annal. Tom. II. Lib. 24. § 59. p. 232. Cointe Annal. Tom. VI. ann. 775. § 4. p. 90. Dublet Hift. Abb. S. Dionyfii, p. 711. ibique:

Præceptum Caroli magni de immunitate Monafterii San-Dionyfiani. Datum pridie Idus Martias anno feptimo & primo regni noftri actum Carifiaco Palatio. In appendice Lit. A. per Extenfum.

(10) Singularium civitatum agros fuperiori Longobardorum imperio confufos, aut inter populos ab antiquo litigiofos, pro fuo judicio—

terminare inftituit, eosque fere aut montibus,
aut paludibus, aut fluminibus circumfcripfit.
V. Sigon. Edit. Muratorii, Tom. 2. de Regno
Italiæ Lib. VII. p. 442.

(11) Vid. Annales Regum Francorum auctore
Eginhardo Caroli Magni Notario apud du
Chefne, Tom. II. fol. 233. Cap. X. Chronicon Regionis apud Piftorium. Lib. II. p. 35.
lin. 45. Sigbert. Gemblancens. Chronographia
ad ann. 806. p. 559. ibid.

Annalift. Sax. ad ann. dict. apud Leibnizium, Tom. I. Annal. Fuld. ad dict. annum
apud Freherum, Tom. I. p. 10. Annal. Me-
tens. ad eund. ann. apud du Chefne, Tom.
III. Chronograph. Sax. apud. Leibnizium,
p. 131. Chronic. Alberici, ibid. p. 150.

Jacob. Bollandus in notis ad Cap. X. Egin-
hardi teftatur, hoc teftamentum ufpiam in
Weftphalia extare de Gamanfio noftro didi-
cimus.

(12) Vid. Naucler. Chronicon Edition. Original.
Anni 1516. ad generat. 28. p. 126. Baronius
annal. Ecclef. Tom. 9. p. 452. N°. 18.

Tſchudi de vera et alpina Rhætia in authograph. in fine.

Du Mont, Corps Diplomatique, Tom. I. p. 4.

Bünau, deutſche Reichs- und Kayſer-Hiſtorie, *2ter Band, 2tes Buch, pag.* 575.

Murator. Scriptor. Rerum Italicar. parte 2. Tom. I, pag. 115.

(13) Vid. *das in der obſtehenden Anmerkung* N°. 9. *angeführte Diplom.*

(14) Vid. Præceptum Hlotharii Imperat. Aug. conceſſum Hlodovico Abbati St. Dionyſii, per extenſ. in appendice. Lit. B.

(15) Vid. Aliud Præceptum ejusdem Imperatoris conceſſum Monacis Sancti Dionyſii, per extenſ. in appendice. Lit. C.

(16) Vid. Dipl. Caroli M. quo Sanctæ Comenſium Urbis ecclefiæ Comit. Clavennæ concedit. Dat. 15. Calend. Decemb. Anno 3. Imperii & 36. regni Franciæ. Indict. 11. Anno Domin. incarnat. 803. actum Reguntisburg. proſtat penes Ughel. Ital. Sacra Tom. V, p. 263. Cointe annal. Tom. VI. Anno 803.

§ 63., p. 820. Du Mont, Corps Diplomat. Tom. I. p. 2. N°. 4.

Ibique dilectiffimus filius Pipinus Rex Longobardorum ad petitionem viri venerabilis, Petri Sanctæ Comenfium Urbis Ecclefiæ Epifcopi, Serenitati noftræ petiit, ut omnes Ecclefias, vel res ad ipfum Sanctum Locum pertinentes, quocumque nunc tempore cum ordine jufte. & rationabiliter poffidere videtur per noftrum auctoritatis. præceptum inibi confirmare deberemus, & fpecialiter Theloneum de mercato, & Gegis cum ipfo Loco & Berinzonem, plebem, comitatum, diftrictum & ipfum portum, & Comitatum Clavennæ & Clufas & Pontem noftri juris Clavennæ Clericis Cumanis in canonicalem ufum pleniffima deliberatione donare & confirmare deberemus &c.

(17) Vid. Præceptum Hlotharii Augufti pro Ecclefia Comenfi. dat. 3. non. Januarii Ann. 11. Imperii D. Ludovici. Adeft per extenf. in appendice fub Lit. D.

(18) Vid. Præceptum Lotharii Imperatoris pro Monafterio San-Dionyfiano. In collect. Supra

citat. Script. & Diplomat. Tom. VIII. Diplom. 7. p. 370. Telibien, Recueil des pièces sur l'Histoire de Saint-Dénis, p. 61. N°. 81. Mabill. Tom. II. Annal. Bened. p. 616. § 24. Ibique:

In nomine Domini nostri Jesu Christi Dei æterni, Hlotharius divina ordinante providentia Imperator Augustus —

Hilduinus venerabilis abbas, nostræ fugessit mansuetudini ut ob Dei reverentiam erga Ecclesiam Sancti Dionysii tale concederemus beneficium, quatenus nostra auctoritate in sua pertinentia in Valle Tellina in loco Hænohim super Lacum Cumensem suis Ministris nostra auctoritate quoddam liceret construere mercatum. — Ideoque decernimus ut nulla quælibet potestas præfatæ Ecclesiæ in præfato mercato quemlibet redhibitionem exquirendo aut eosdem homines molestando ullam inferre præsumat molestiam.

(19) Vid. Division. Reg. apud du Chesne, Tom. II. p. 453. Chronic. Reginonis, apud Pistor. p. 41. N°. 20. Annales Fuldens. apud Freher. p. 19. N°. 20.

(20) Vid. Annales Bertiniani ad ann. 855, 856, 857, apud Murator. Tom. II. p. 534.

(21) Vid. leges Caroli Magni, apud Murator. Tom. I, P. 2. p. 94. & seq.

L. 18. Si comes in suo Ministerio justitias non fecerit, Missus noster de hac causa sonniare faciat usque dum justitiæ ibidem factæ fuerint. Et si Vassus noster justitiam non fecerit, tunc Comes &. Missus noster in ipsa Causa sedeant, & de suo vivant quousque justitiam faciant.

L. 22. De Advocatis & Vicedominis, Vicariis & Centenariis pravis ut tollantur, & tales eligantur qui sciant & volunt Justitiam causæ discernere & determinare. Et si Comes pravus inventus fuerit, nobis nuncietur. Et Judices, advocati Præpositi, Centenarii, Scabini, quales meliores invenire possunt & Deum timentes constituantur ad sua Ministeria exercenda.

(22) *Siehe die Urkunde bey Herrgott* ad ann. 819.

(23) Vid. Diploma Hlodovici Imperat. Dat. 8. Cal. August. Ann. 12. Imper. in Stratzenburg. favore Victoris Episcop. Curiens. propter injurias

fibi illatas a Comite Rodorico, de Laax, *Tfchudi Hauptfchlüffel*, pag. 300.

(24) Vid. Sententiam Judicis latam ab Unfredo Comite in Curte ad Campos in Mallo publico (id eft *Mayenfeld.*) Ann. 7. Imperii Caroli. Augufti 7. Idus Feb. apud Goldaft Script. rer. Allemanic. Tom. II. p. 58.

(25) Vid. Goldaft, Conftit. Imperial. Tom. I. p. 11.

(26) Vid. Supra in annotat., N°. 16 & 17.

(27) Vid. Diplom. Heinrici II. anni 1024. extat in Archivo vallis orig. et fup. annot. 16.

(28) Vid. Leg. Longobard. Lib. I. Tit. 13. § 3. L. 2. Tit. item Capitular. 3 ann. 789.

Leges Ludovici Augufti in Script. Rer. Italic. Muratorii, Tom. I. P. 2. p. 126. Cap. 36. 38. 50. 52. 54.

Leges Lotharii ibid. Cap. 48 & 49. It. in Goldaft. Conftit. Imp. Tom. I.

(29) Vid. Leg. Caroli M. l. c. C. 30. 32. 82. 87, 88. 90. ubi — ut judices five Miffi noftri Fifcalini de qualibet caufa non exigant Fredam priusquam facinus componatur. Ibique Muratorius:

Nihil aliud Freda five Fredum fuit, quam compofitio, hoc eft mulcta pecuniaria fifco debita qua exfoluta reus fibi pacem (*Fried*) à Fifco, id eft Rege, conquirebat.

Vermittelft folcher Compofitionen wurden die gröften Verbrechen, Todfchläge, L. Carol. M. c. 101. c. 109. L. Ludovici I. c. 9. c. 13. L. Lotharii c. 57. *Weiberraub* L. Ludovic. c. 17. *Falfchmünzer* ibid. c. 27. *ausgeföhnt.*

(30) Leg. Pipini Regis ibid. Cap. 30. — ubi — de Compofitionibus quæ ad Palatium noftrum pertinent fi Comes ipfas· caufas commoverit ad requirendum ille tertiam partem ad ejus recipiat opus, duas vero ad Palatium.

(31) Leg. Ludovici Augufti ibid. Cap. 31 — ubi — quicumque tributariam terram unde tributum ad partem noftram exire folebat, vel ad Ecclefiam, cuilibet alteri tradiderit, is qui eam fufcepit, tributum quod exinde folebat exire, omnibus modis ad partem noftram tribuat.

(32) *Man fehe hievon:*

Pfeffinger. Corp. Juris Publ. Tom. II. Lib. 1. Tit. 22. Not. 6. voce Homines proprii, voce mancipia, & voce Servi, *wo er diese Dienst-pflichten weitläufig anführt und aus Caro-lingischen Diplomen erweiset.*

(33.) Vid. Mulzii Repræsent. Majestatis Impe-rator. Part. 2. Cap. 10. § 2. de Jure Stapular. & §. 4. de Jure Portus.

(34) Mulzius d. tr. Part. 2. Cap. 13. § 5.

(35) *Was Regressen sind weifs jedermann, was das Wort* Redhibitiones *in der 'Sprache der Carolingischen Kayser bedeute, damit man sich ja an dem ganz anderen Verstand, den es in den Römischen Rechten hat, nicht stosse, ist aus den Gesätzen Carl des Grossen klar,* vid. L. Caroli M. l. c. Cap. 121.

(36) Tributa verò quæ ille à Francis instituta re-tinuit, fuere Foderum, parata & mansiona-ticum. Foderum Summa quædam frumenti fuit quam advenienti in Italiam Regi populi solvere tenebantur, pro quo sæpe etiam æsti-mata pecunia pendebatur; Parata sumptus, quem iidem in vias, pontesque fluminum, quà transiturus, aut quò aditurus Rex erat, reficiendos impendere; Mansionaticum, Sump-tus in tecta etcetera, quæ regio exercitui

in agro hospitanti neceffaria præbere jube-
bantur: Siquidem tantum Regibus jus terræ
tributum eft, ut ex omnibus, quæ ipfa ferre
ad ufum hominum neceffaria folet, excep-
tis bobus & feminibus ad colendam terram
idoneis, quantum opus militibus fuerit ad
regios ufus fuppeditatum fit ——— Erant
autem Regalia, dignitates, et prædia, quæ
Rex bene meritis ad arbitrium conccdebat;
dignitates, ut Duces, Marchiones, Comites,
Capitanei, Valvafores & Valvafini; Prædia, ut
vectigalia, telonea, portus, ripatica, pedatica,
monetæ, pifcariæ, molendina, Salinæ, fluminum ufus, et omnis proficifcens ex illis pro-
ventus & quæ generis erant ejusmodi.

(37) Lib. 1. Feudor. Tit. 2.

(38) Vaffali igitur erant olim homincs, id eft
veluti actores & cuftodes poffeffionum &
procuratores & quafi precarii poffeffores——
—— & Cafati, in Conftitutionibus Caroli
Magni & Cafarii. Cuiacius obfervat. Lib. 8.
C. 14. — —

(39) Vid. Lib. 2. de Republ. c. 2.

(40) Vid. Lud. de Molin. de Juſt. & Jure
tract. 2. Diſp. 485. N°. 2.

(41) De Concordantia Catholica Lib. 3. Cap. 28.

(42) Et quia vidimus de perſonis , videamus
qualia prius habuerunt initia. Antiquiſſimo
enim tempore ſic erat in dominorum poteſtate connexum , ut quando vellent poſſent
auferre rem in feudum à ſe datam. Ubi Go-
thofredus addit :

Antiquiſſimum jus feudorum hoc fuit , ut
Domini pro animi ſui arbitrio , vaſallis feuda
poſſent auferre ; arbitraria itaque vel potius
precaria fuerunt ab initio Feuda.

(43) Secundum Jus , feuda fuerunt Annalia
Gothofred. l. c.

Poſt cœpit feudum in annum tantum con-
cedi & ſingulis annis renovari , vel ipſa re
vel patientia — Finitur enim anno niſi datum
ſit in longius tempus , Cujacius de Feudis in
notis ad Lib. 1. Tit. 1. § 1. Et quia. *Siehe
ferners Spanbergers Adelſpiegel , Buch* 10.
Cap. 14. *p.* 274. *Lehmanns Chronik der
Stadt Speyer , Buch* 2. *Cap.* 16. *p. m.* 70.

(44) Regula eſt, omnia Diplomata quibus in

Jus proprium alicui Ducatus aut Comitatus confertur, ante Carolum fimplicem (926) in Gallia, & Henricum aucupem in Germania (919) falfa effe. Mabillon lib. 3. de Re Diplomatica Cap. 1. § 6. p. 220.

(45) L. 3. ff. de Conftitutionibus Principum. Beneficium Imperatoris, quod à divina fcilicet ejus indulgentia proficifcitur —.

L. 43. ff. de vulgari & pupillari Subftitutione. Refpondi beneficia quidem principalia ipfi Principes folent interpretari.

L. 191. ff. de Regulis Juris. Neratius confultus, an quod beneficium dare fe quafi viventi Cæfar refcripferit, jam defuncto dediffe exiftimaretur, refpondit: non videri fibi, principem, quod ei, quem vivere exiftimabat conceffiffet defuncto conceffiffe; quem tamen modum effe beneficii fui vellet, ipfius æftimationem effe.

(46) Verba inter cætera hæc funt: Auctoritate Beati Petri et hujus noftri apoftolici privilegii atque conftituti fancimus, ut Ecclefiæ quæ in eadem Valletellina effe videntur, fcilicet in Parochiis Epifcopi Ecclefiæ Covenfis,

(Comenfis) fub nullius jure vel dioecefeos
effe decernimus, nifi ab Abbate ipfius venerabilis Monafterii Sancti Dionyfii, vel ab ejus
monacis quispiam fuerit invitatus; fed nec
Presbiterum vel Diaconum ordinare in easdem
Ecclefias audeant, abfque electione plebis,
fed quos plebs elegerit fub ditionc jam fati
Monafterii ordinentur. Et ficut in Monafterio
St. Benedicti & Sancti Vincentii ex auctoritate
apoftolica privilegia conceffa funt, & plebs,
quas Duces & Principes atque diverfi homines ad ipfa Monafteria concefferunt, nullum
ibi Epifcoporum jus quifpiam habet. Ita &
nos fimili modo ftatuentes decernimus ut in
Ecclefias Valletellinæ Epifcopus Ecclefiæ Covenfis nulla habeat jura vel ditionem, fed in
ipfius Prælato Monafterii exiftendas & perma-
nendas in perpetuo ftudeamus.

(47) Quadrio Differtazioni

    Differt. 5. p. 146.

    Godiprando nel 864. fece vendita a Gerolfo
Miniftro Imperiale di tutte le Cafe, Corti,
Campi, Prati e Famiglie di fua raggione nella
Valtellina fituate nel Luogo di Tiranno, *Lotto*

obligo di manutenzione, per undici libre d'argento comeda eſſa Carta appariſce eſſiſtente nell' Archivio di St. Ambroſio maggior di Milano e rogata da Criſpiniano nel Marzo dell' anno 15. dell' Imperadore Lodovico II. indizione XII.

(48) Vid. Præceptum Arnulphi Regis quo Diotulpho Epiſc. Curienſi donodedit bona in Tuberis (*Tauffers*) Data 11. Cal. Februarii 888. indict. 6. Regni I. actum in Regonesburch. Item Diploma Arnulphi Regis pro Monaſterio Tabarienſi Dat. 12. Calend. Feb. indict. 7. regni Secundo (889) apud Herrgott. orig. Habspurg. Tom. II. p. 52.

Tritheimius de Origine Francorum, populis Regi Arnulpho ſubjectis adnumerat Rhætos.

(49) Annales Fuldenſ. ad annum 894. p. 52.

(50) Vid. Diploma Ludovici Regis pro Comenſi Eccleſia Dat. 15. Calend. Feb. anno incarnat. dominic. 901. Indict. 4. anno autem Ludovici largiſſimi Regis in Italia I. actum Paloniæ apud Ughell Ital. Sac. Tom. V. p. 273. *Bey Tatti Tom. I. p. 958. ſteht es auch, aber unter einem falſchen datum.*

(51)

(51) A Conrado Rege — Sueviæ Principum affensu, statuitur Alemannis Dux primus Burkardus, gentis illius nobilissimus et virtutum dote probatissimus, cui & prædia damnatorum confiscata in beneficium sunt tradita. Ekkehardi junioris de Casibus Monasterii Sancti Gall., apud Goldast. Script. rer. Alemannicar. Parte I. p. 18. *Tschudi Hauptschlüssel*, *Buch* 2. *Theil I. C.* 9. § 3. p. 317. Tempore Diotolfi Episcopi Curienfis fuit Burkhardus Marchio Curienfis Rhætiæ, ut testantur Litteræ Curienfes.

(52) Quo tempore Rodulfus Rex fuperbissimus Burgundionibus imperabat. Cui in augmentum potentiæ hoc accessit, ut potentissimi Suevorum Ducis filiam nomine Bertham fibi conjugio copularet.

Luitprandi Historia Lib. 2. C. 16. apud Murator. S. R. J. Tom. 2. p. 442.

(53) Non e piu il tempo che Berta filava. V. Ruchat de la Médaille, qui représente cette Reine fur fon Throne occupée à filer.

(54) Rodulfus denique cum infidelitate fuorum prænominatos adverfarios fuperare non posset,

in Burgundiam profectus , Burkhardo Suevorum Duci, cujus fibi filiam copulaverat, denun-
ciat, ut fibi in auxilium veniat, qui collectis
copiis cum Rodulfo confeftim convenit in
Italiam. Luitprandi Hiftoria, Lib. 3. Cap.
4. p. 445.

(55) Privilegium ab Hugone & Lothario Regibus Italiæ Azzoni Epifcopo Cumanæ Ecclefiæ
conceſſum 17. Cal. Julii anno 937. indictione
10. anno undecimo Hugonis , Lotharii vero
7mo, actum Cumis in civitate.

Tatti annali Tom. II. p. 798.

(56) Privilegium Lotharii Regis Sanctæ Cumanæ Ecclefiæ gregi , conceſſum pridie Cal.
Junii anno 950. Anno Lotharii 20. Indictione
8. actum Papiæ.

Tatti ibid. p. 800.

(57) Luitprandi Hiftoria , Lib. 4. Cap. 13. cui
eft rubrica — Probat auctoritate Sanctæ Scrip-
turæ , victoriam Othonis non fuiſſe fortuitam,
fed Deo ita difponente proveniſſe.

(58) *Chronik der Stadt Speyer , Buch 5. C. 3.
pag. m. 340.*

(59) Sigon. d. tr. Lib. 7. columna 442, 443 , 444.
(60) *Schon im erften Jahr feines Reichs zwang
er den mächtigen Herzog Burkhard in Schwa-
ben fich ihm zu unterwerfen* , Wittekindius,
• Lib. 1. pag. 637. annalifta Saxo ad annum
919. *Um die nemliche Zeit fchenkte er dem
Bifchthum Chur beträchtliche Güter* , vid.
Præceptum Henrici Regis, quo Waldoni Epifcop. Curienfi donodedit locum Lumins ,
fitum in pago Curienfi in Comitatu Uldarici
Comitis dat. 3. non. Novembris anno 919.
Indictione 7. actum Vormatiæ. Item Præceptum
Henrici Regis datum 5. Idus Aprilis anno
930. actum Franconofurt. quo Waldoni Epifcopo Curienfi donodedit vicum Sindes in
Valle Eniatina in Comitatu Berchtoldi Comitis. *Tfchudi Hauptfchlüffel p. 336.*
(61) Vid. Præceptum Ottonis Regis, quo Waldoni Epifcop. Curienfi Pludenes in Valle Drufiana donavit , dat. 6. idus April. ann. 940.
indict. 13. Reg. 4to. Item Præcept. quo idem ,
Monaft. Difertinenfi conceffit villam Pfaffin-
gove , in Ducatu Alemanniæ in Comitatu
Hattonis Comitis. Item Curtem Amedes , in

provincia Rhætiæ Curienfis in Comitatu
Adelbert. Comitis, dat. Ann. 940. tefte Sprecher.
It. Præcept. ejusdem quó Monafterio Einfied-
lenfi bona tradidit in Valle Drufiana, dat.
9. Cal. Feb. Ind. 7. Regni 13. actum Franconofurt.

(62) Vid. Chronic. Regionis Lib. 2. ad ann.
947. Ludolphus, filius Regis tali, ut dece-
bat apparatu, tertiam filiam Hermanni Ducis
fibi conjugio copulavit. Wittekind. Libro III.
in principio.

(63) Vid. Chronic. Frodoardi Presb. ad ann.
950. apud du Chefne Tom. II. N°. 109.

(64) Vid. Sigonius de Regno Italiæ Lib. 6.
columna 413. ad ann. 950. Muratori annali
d'Italia ad ann. 951. & in notis ad Poëma
Donizonis de vita Mathildis Scr. Rer. Italic.
Tom. V. p. 346. Nota 35.

(65) *Man vergleiche dasjenige was* Sigonius de
Regno Italiæ Lib. 6. col. 413. & feqq. ad ann.
950, 951. *von `diefer Gefchichte meldet, mit
demjenigen fo* S. Odito in vita fanctæ Ade-
laidis apud Canifium, Tom. V. antiq. lection.
p. 399. Donizzo in principio Libri de Principibus Canufinis in Poëmate de vita Mathildis

Cap. 1 & 2. ambo in Murator. Soript. Rer. Italicar. Tom. V. p. 346 & 390. Chronic. Regionis Lib. 2. ad ann. 951. apud Piſtor. p. 77. Otto Friſingenſis. Lib. 6. Cap. 19. apud Urſtiſium, Parte prima p. 128.

Chronograph. Saxo ad ann. 951. apud Leibnizium in acceſſion. Hiſtor. p. 160. Leo Oſtienſis Chron. Caſin. Lib. 1. Cap. 61. apud Murator. Tom IV. p. 334. Hroſwita, *und* Frodoardus *aufgezeichnet haben.*

(66) Vid. Chronic. Reginonis ad ann. 952. l. c. p. 78.

(67) Anonym. in Vita Mathildis Cap. 3. apud Murat. l. c.

(68) Vide Diplomata originalia quæ adſunt in archivo Epiſc. Curienſis videlicet : Præceptum datum Idib. Octob. Ann. 951. Indictione 9. Regno Domini Ottonis in Francia 15. in Italia 1. actum Papiæ, quo Hartperto Epiſcop. Eccleſ. Curienſi donatur ab Ottone Rege omnis Fiſcus in Comitatu Curienſi. — Sigillum adeſt.

Præceptum Ottonis Regis, datum Idib. Octob. A. I. D. 952. Indict. 10. anno regni

16. actum in loco Uronsa quo Hartperto. Episcop. Curiensi Bona in Alsatia restituit.

Praeceptum ejusdem tenoris , eidem ab eodem concessum datum 6. Cal. Mart. ind. 11. actum in loco Erenstein Ann. 953. Regni 17. Sigilla adsunt.

Praeceptum Ottonis Regis dat. 5. sive 15. Cal. Januar. A. D. J. 957. Ind. 15. Regni Ann. 21. Actum Dornphusd. quo Ecclesiae Curiensi sub Hartperto tradidit Curtem Zizuris & navem episcopalem in lacu Rivano, Telloneo & censu. Sigillum adest. Praeceptum Ottonis Regis dat. 17. Calend. Februar. A. D. J. 959. Indict. 1. Regni 23. actum Friteslariae quo Hartperto Ep. Cur. donat dimidiam partem Civit. Curiensis & Ecclesias Sancti Laurentii, Sancti Hilarii, Sancti Martini & Sancti Carpofferi. Adest Sigillum.

Praeceptum Ottonis Regis. dat. 16. Cal. Jun. A. D. J. 961. Indict. 4. Regni 26. actum Wormatiae, quo confirmat Cambium cum Monacis de Schwartzacha. Sigillum temporum injuria periit.

(69) Vid. Chronic. Reginonis, l. c. ad ann. 952. p. 81.

(70) Vid. Anon. in vita Mathildis l. c. & Don-nizzo in vita Mathildis. l. c.

(71) Vid. Sigon. l. c. ad ann. 957. p, 419. poſt Arnulph. Mediolanenſem lib. 1. c. 5. apud. Murator. Script. Rer. Italic. Tom. IV. p. 9.

(72) Vid. Luitprandi Hiſtoriam Lib. 6. Capite 6. apud Murat. Tom. II. p. 471. /

(73) Vid. Landulphum Senior. Lib. 2. Cap. 16. apud Murat. Script. Rer. Italic. Tom. IV. p. 79.

(74) — nec te moveat apud Reginonem legi : Berengarium in monte Sancti Leonis obſeſſum fuiſſe, nam idem eſt, cum monte Feretri. V. Erici Puteani Hiſt. Inſubrica Cap. 6. in Notis N°. 7.

(75) Vid. Chronic. Reginon. l. c. ad ann. 962. p. 81. Luitprand l. c. Cap. 6. Sigonium l. c. col. 422. Eric. Putean. l. c. N°. 5.

(76) Vid. Chronic. Reginonis l. c. ad ann. 962. p. 81. Willa in Lacu majori, in quadam Inſula, quæ dicitur ad Sanctum Julium ſe

inclufit. — Tunc Willa imprimis hoftiliter aditur, & adempto omni de lacu exitu, quotidianis impugnationibus fatigatur, & non plenis duobus menfibus obfeffa capitur, & clementia Imperatoris quo vellet ire permittitur.

Sigon. de Regno Italiæ Lib. 7. initio.

Otto evocato è ftativis exercitu, protinus ad Infulam Sancti Julii in lacu Verbano deduxit, atque ibi Willam conjugem (Berengarii) circumfedit. Haud magni eo negotii oppugnatio fuit; oppido omni à lacu exitu interclufo, obfeffum inter duorum menfium fpatio venit in poteftatem; mulieri, ut ad maritum iret incolumis, eft permiffum.

(77) Chronic. Reginon. l. c. ad ann. 963. pag. 81. Eodem anno Gard, Caftellum in Italia capitur.

(78) Chronic. Reginon. ibid. p. 82. Ea tempeftate Waldo Cumanus Epifcopus infulam in Cumanu lacu cepit, et munitiones in ea à folo deftruxit.

(79) Vid. Quadrio Differtazione 5, pag. 166. ove allega nella nota (a) un Diploma data nel 983. che Sta' nell' Appendice de Documenti fpettanti alla controverfia di Comaccio p. 358. Citata negli annali del Muratori Tom. VIII. all' anno 983. ivi Stano defcritti li fudditi del Regno d'Italia enonciati nel detto, Diploma, come fiegue : Papienfes, Mediolanenfes, Cremonenfes, Ferrarienfes, Ravenates, Comaclenfes, Ariminenfes, Pifaurienfes, Cefenatenfes, Fanenfes, Scnogallienfes, Anconenfes, Humanenfes, Firmenfes & Pinenfes, Veronenfes, Gavellenfes, Vicentinenfes, Montefilicenfes, Paduanenfes, Tervifianenfes, Cenetenfes, Feroculienfes, Iftrienfes, & cuncti in noftro Italico Regno. Confer. Tabulas Henrici V. Cæfaris anno 1111. Veronæ exaratas quas refert Hermann. Coringius de Finibus Imperii, Lib. 1. Cap. 11.

(80) Reginon. 1. c. p. 82. refert: Anno Dominicæ incarnationis 965. Imperator Papiæ natalem Domini celebravit, & peracta feftivitate ftatim in patriam, difpofitis in Italia regni negotiis, commeavit. Ex diplomate vero fundationis Ecclefiæ Oeninganæ, quod vir eximus D. Martinus Gerbertus Abbas Monafterii

S. Blafii in Appendice Hiftoriæ Rodulphi Sue-
vici vulgavit, conftat, Ottonem Idus Januarii
anno 965. Regni 28. imperii 4. Indictione
8. adfuiffe Curiæ Rhætorum. Hinc liquet Reginonem annùm fuum à nativitate Domini
computare — quod tunc moris fuiffe ex Wip-
pone in Vita Conradi Sallci p. 433. patet.

(81) Vid. Chronic. Reginon. l. c. Martin Crufius
Schwäbifche Chronick, *Theil* 2. *Buch* 4.
Cap. 11.

(82) Chronic. Regin. l. c. ad ann. 96. p. 83.

Imperator iterum in Italiam ire difponens,
affumptionem Sanctiffimæ Mariæ virginis Wor-
matiæ celebravit, ibique habito cum omnibus regni majoribus concilio, inde per Alfa-
tiam & Curiam Alpes tranfcendens Italiam
intravit.

(83) Vid. Leon. Oftienf. Chronic. Monaft. Cafin.
Lib. 2. Cap. 9. apud. Murat. Tom. IV. p. 347.
ubi : fequenti anno defuncto primo Ottone,
Otto Secundus Imperator, filius ejus, cogno-
mento Rufus, venit Capuam & abiit Taren-
tum ac Melapontum & deinde in Calabriam.
In dem Codice Diplomatico di Sicilia , *den*

uns der gelehrte Erzbifchof Ayroldi aus einem Saracenifchen Manufcript geliefert hat, finden wir Tom. II , parte II. p. 565. *etwas Nachrichten von diefem Feldzug, nur treffen die Jahre nicht richtig zufammen.*

(84) Vid. Sigonium de Reg. Italic. l. c. ad ann. 980. column. 452. Landulf Sen. Hiftor. Mediolan. Lib. 2. Cap. 17. Murat. Script. R. J. Tom. IV. pag. 80. Maimbourg Décadence de l'Empire L. 1. année 980.

(85) Vid. Præceptum Ottonis II. Imperatoris quo Hildiboldo Epifcop. Curienfi Telloneum de Ponte Clavenafco fuper fluvio Mariæ donavit dat. ann. 980. Indict. 8. anno regni 20. Imper. 13. actum Papiæ ; adeft per extens in appendice Lit. E. Item Ekardi junior. de Cafibus Monafterii Sancti Galli Cap. XI. apud Goldaft Script. Rer. Alemannicar. Tom. I. p. 46.

(86) Vid. Præcept Ottonis I. Imperat. quo Hildiboldo Epifcopo Curienfi Curtem in Villa Zizuris in Comitatu Rhætiæ cum rebus omnibus de jure ad eam pertinentibus adjudicavit dat. Cal. Septemb. ann. 972. Indic. 15.

Imp. 11. Regni 36. actum Conſtantiæ. Adeſt
Copia antiquiſſima in archivo Epiſc. Curienſ.
de hoc Diplomate vid. Bruſchium in magno
opere de Epiſcop. Germ. Cap. 3. § 37. Cru-
ſium *in der Schwäbiſch. Chronik Theil 2. Buch 4.*
Ends des Cap. 12, *wo er aber die Jahre der*
Regierung unrichtig angiebt.

(87) V. Præcept. Ott. Imperat. dat. 6. Non.
Januar. A. D. J. 976. Indict. 4. Anno Regni
Domini Ottonis 15. Imperii 8. actum Eriſtein,
quo Hiltebaldo Epiſcopo & Eccleſiæ Curlenſi
confirmat permutationem bonorum in Alſatia
titulo Cambii facta, inter genetorem ſuum
& Epiſcopum Hartpertum cum bonis in Diœ-
ceſ. Curienſ. ſitis, aliisque Privilegiis. Bona
erant, in vico Curiæ Curtis regalis (*der Hof*)
quam Comes Adelbertus in beneficium loci
obtinuit, Vallis Pregalliæ, Telloneum in Valle
prædicta, cenſus omnis ab ipſa centena &
ſcultacia Curienſi, Eccleſias in Caſtello Bene-
duces, & Razennes cum ſuis decimis; inſuper in locis montanis, totum beneficium
Bernhardi & in Ranc & Pitaſo Eccleſiæ cum
decimis omnibus, Piſcatio quoque in lacu

Rivano. Adeſt in archivo Epiſcop. Curienſis originale cum Sigillo ſine menda, excepto die Nonar. qui legi amplius non poteſt in originali, exprimitur vero ante notatus in copiis vetuſtiſſimis.

(88) Sigon. l. c. Chronographus Saxo ad ann. 981. apud Leibnizium p. 191. Præcept. Ottonis II. Monaſterio Piſcarenſi conceſs. 14. Cal. Maji 981. indict. 9. Regni. 21. Imperii 14. actum Romæ in Chronic. Caſaurienſ. apud Murator. S. R. J. Tom. II. parte 2. pag. 833.

(89) Præceptum Ottonis Regis dat. 13. Cal. Novemb. ann. 988. indict. 1. ann. autem tertii Ottonis 5. actum Conſtantiæ quo Hiltepoldo Epiſcopo Curienſi confirmat omnia Privilegia, & Eccleſiam Curienſem in ſuam tuitionem recipit. Adeſt originale ibid. cumSigillo.

(90) Præceptum Ottonis Regis dat. 8. Idus Octobris anno 995. Indictione 8. anno vero tertii Ottonis - - - - Actum Quintilburg. conceſſum Waldoni II. Epiſcop. Curienſi, adeſt per extenſum in appendice Lit. F.

(91) Chronograph. Saxo ad ann. 1002. apud

Leibnitz. p. 215. Herrimannus autem Dux cum Suevis Regi reftitit.

(92) Vid. Arnulph. Hilt. med. Lib. 1. Cap. 14. apud Murat. S. R. J. Tom. IV. p. 12. Tunc Ardoinus quidam Nobilis Hyporegiæ Marchio à Longobardis Papiæ eligitur.

(93) Vid. Arnulph. l. c. Cap. 16. p. 13. ad ultimum (Ardoinus) labore confectus & morbo, privatus Regno, folo contentus eft Monaf-terio, nomine Fructeria, ibique depofitis Regalibus fupra altare, fumptoque habitu pau-pere, fuo dormivit in tempore.

(94) *Siehe Crufii Schwäbifche Chronik, Theil 2. Buch 6. Cap. 1, und ein von ihm angeführtes uraltes Manufcript.*

(95) Vid. Præceptum Henrici II. Regis datuni 5. Cal. Junii anno Dominicæ incarnationis 1005. Indictione 3. Regni ann. 4to actum Eriftein quo Uoldarico Epifcop. Curienfi Do-nationes & Regalia, ab anteceffloribus Eccle-fiæ Curienfi largita, confirmat. Adeft · ibid. *Tfchudi Chronic. Helvet. Theil 1. Buch 1. p. 3.* Gallia Comata l. c. p. 318.

(96) Chronographus Saxo ad ann. 1026. apud

Leibnitz p. 239. Rex natalem Domini Leodii celebravit, & Henricum, filium suum, Regem fecit.

(97) Wolpherus in vita Sancti Godehardi, Rex ad purificationem S. Mariæ Auguftæ manfit, inde iter fuum ad partes Italiæ direxit & proximum Pafcha Verfellis profpere celebravit.

(98) Hermannus contract. nova Edit. Struviana T. I. p. 113. ad ann. 1026. Rex circa tempus Quadragefimæ cum exercitu Italiam adiit Pafcha Vercellis acto:

(99) Glaber Rudolphus Monachus Clunienfis apud du Chefne Script. Rer. Francor. Tom. IV. p. 50. — Interea adeptus Regni infulas Conradus Italiam perexit, fecum ducens uxorem, quam, ut diximus, illicito ceperat matrimonio. Cui protinus in defcenfu alpium quem, Curiam Gallorum, licet corrupte, vocant, in oppido Cumis occurrit cum fummo apparatu Papa Romanus ut antea fpoponderat.

(100) *Schmid Gefchichte der Deutfchen, Buch* 4. *Cap.* 1.

Baronius annales Ecclefiaſtici Tom. II. ad
ann. 1026.

(101) Adamus Bremenſis Hiſt. Ecclef. L. 2.
Cap. 47. Rex regio faſtu Italiam ingreſſus
Canut Regem itineris ſui habuit comitem.
Otto Friſingenſ. Chronic. Lib. 6. Cap. 28. in
fine apud Urſtiſium p. 132.

(102) Vid. Murator. annali d'Italia Tom. VIII.
ad ann. 1026.

Galvani Flamæ manipul. florum Cap. 139.
apud Murator. Tom. II. p. 615. Wippo in
vita Conradi ad annum. Rex ingreſſus Italiam
per Veronam , inter Mediolanum & Papiam
Vercellas venit. In Tomo tertio S. R. G.
Piſtorii pag. 432.

(103) V. Sigon. de Regno Italiæ Lib. 8. ad
ann. 1026.

Edit. Murat. Tom. II. p. 491.

(104) Wippo in vita Conradi ibidem pag. 433.
Otto Friſingenſ. L. 6. Cap. 9. apud Urſtiſium
p. 132.

(105) Wippo l. c. p. 430. In brevi tantum
perficiens ut nemo dubitaret poſt Caroli M.

tempora

tempora aliquem regali fede digniorem non vixiffe.

(106) Scriptor. R. Italic. Tom. I. part. 2. p. 177.

(107) Feudor. Lib. 1. Tit. 1. § 2.

(108) Feud. Lib. 2. Tit. 40. per tot.

(109) Feud. Edition. Gothofredi Lib. 5. Tit. 1.

(110) Otto Frifingens l. c. Wippo l. c.

(111) Flama manip. florum l. c. Cap. 41, 42, 43.

(112) V. Otto Frifing. l. c. Cap. 28 & 31. Wippo. l. c. p. 478.

(113) Vid. Præcept. Chuonradi Romanorum Imperatoris datum 13. Cal. Octobris anno Dominicæ incarnationis 1030. Indictione 13. regni 6. Imperii 4. actum Mengelesdorpf. quo Ecclefiæ virginis Mariæ Curienfis, ejusque poffeffori Hartmanno Epifcopo Caftellum Clavennæ, & regalia ibi donat; in appendice Lit. G. per extenf.

(114) Præceptum ejusdem dat. 10. Cal. Feb. 1038. Indictione 6. Regni 13. Imperii 11. act. Nonantulæ; quo Curienfi Ecclefiæ donat præ-

C

dium in loco Clavennæ. Adeſt in appendice
Lit. H. per extenſ.

Vid. Præceptum ejusdem dat. 6. Idus Junii
1038. indictione 6. Regni 14. Imperii 12.
actum Beneventi, quo eodem alia bona in
Comitatu Clav. largitur; in appendice Lit. I.
per extenſum.

(115) Otto Friſingens 1. c. cap. 31. p. 134.
Wippo p. 479.

(116) Vid. Feud. Lib. 2. Tit. 34. Maſcov. Comment. annot. 25. Tom. I. p. 71. Wippo: Hoc.
cum nunciatum eſſet Imperatori, fertur
dixiſſe: ſi Italia modo eſurit legem, conce-
dente Deo bene legibus hanc ſatiabo, pag.
440.

(117) Vid. Chronograph. Saxon. ad annum
1040. apud Leibnitzium p. 247. Metropoli-
tanus Mediolanenſis adveniens, de contro-
verſia ſua, quam contra Cæſarem exercuit,
ſatisfaciens, interventu procerum gratiam
regalem recepit; rurſusque juramento pacem
ſervaturum affirmans, patriam remeavit.

(118) V. Hepidan. cœnobit. ad ann. 1044.

Goldafti Script. rerum Alemannic. Tom. I. part 1.

(119) V. Præceptum Heinrici Regis dat. 10. Cal. Feb. 1040. indictione 8. anno ordinationis 12. Regno I. actum Ulmæ, quo Dietmaro Epifcopo Curienfi Donationes &c. confirmat. *Tfchudi Chronicon, Erfter Theil, erfies Buch, p. 16. Hauptfchlüffel p. 318.*

(120) V. Præceptum Heinrici Romanorum Imperatoris Augufti dat. 4. Idus Julii 1050. indict. 3. anno Domini Heinrici, tertii Regis, fecundi Imperatoris, ordinationis ejus 21. Regni quidem 12. Imperii 4. actum Battæ, quo Epifcopo Curienfi, Dietmaro, conceffit Bannum fuper unum Foreftum in Comitatu Ottonis Comitis fitum, cujus limites funt: à Valle Verfanna, ex utraque parte Rheni, ufque ad fluvium Langarum in monte & in planitie, cum confenfu prædicti Ottonis Comitis & Rudolfi Eginonis & filiorum ejus alterius Eginonis, Humberti Adalberonis & ceterorum comprovincialium; & ex alia parte Rheni ufque ad Thuminga, quæ fluit per Regaciem, cum confenfu etiamAbbatis Fabarienfis

Pirithilonis & advocati ejus Wernheri. *Tfchudy Chronic. Theil I, Buch* 1. *pag.* 19.

(121) V. Lambertus Schafnaburgenf. apud. Piftorium Tom. I. p. 163 , 164. 166, 167. 170. al ibique.

(122) Vid. Arnulphi Hiftor. Mediolan. Lib. 3. Cap. 5. Hujus regnante infantia, (Heinrici pueri,) Papienfes ab eo, ut moris eft, datum afpernantur audacter Epifcopum. Item Cap. 6 — 7 — 8. Item Cap. 20 — 21 — 22.

Landulphi Mediolan. Hiftoriar. Lib. 3. per totum apud Murat. Tom. IV. p. 22 & p. 96. & feqq. Galvanei Flamæ Manipul. florum Cap. 147 — 148 — 149. apud. Murat. Tom. II. p. 623.

(123) V. apud Baron Tom. XI. Annal. Ecclef. ad ann. 1076. N°. XXXI. & feqq. Dictatus Papæ feu privilegia apoftol. fedis & Romani Pontificis, per extenfum pag. 424. Confule Schilterum de Libertate ecclefiar germaniæ Lib. 4. Cap. 1. & feqq. Pandulph. Pifannum in vita Gregorii 7. apud Murat. Script. Rer. Italic. Tom. III. p. 305.

(124) Vid. Præceptum Heinrici quarti regis ,–

datum nonis Decembris 1061. Indict. 15.
Ordinat. 8. Regni 6. actum Efchegis, quo
Diethmaro Epifcop. Curienfi Regalia largita
fuere. *Tfchudi Chron. Helvet.* l. c. p. 22.
(125) Vid. Lambert. Schafnaburgenf. l. c.
p. 210: Rex celebrata in Babenberga Pafcali
folemnitate, Nurenberg. perrexit obviam Legatis apoftolicæ fedis. Erant autem hi, Mater
ejus Imperatrix, Epifcopus Oftenfis, Epifcopus Præneftinus, Epifcopus Curienfis, miffi
à Romano pontifice, componere fi poffent,
multo jam tempore vacillantem ftatum Galliarum. Baronius l. c. ad ann. 1074. N°. 1.
(126) Vid. Crufius *Schwäbifche Chronik, Theil*
2. *Buch* 8. *Cap.* 1. *Tfchudi Chronicon Helvet.*
Theil 1. *Buch* 1. *pag.* 30.
(127) *Siehe* Aegid *Tfchudi Hauptfchlüffel der*
Gallia Comata, *Buch* 2. *Theil* 1. *Aus dem*
Vorbericht erhellt es fich, dafs diefes Werk
im Jahr 1571. *gefchrieben worden. Ferner fein*
Chronicon Helveticum.
(128) *Stumpf.*
Bruchius magno opere de Epifcop. Germaniæ

Cap. 3. Crufiús *Schwäbifche Chronik* ad ann.
900 *bis* 1000.

(129) Temerarius æque ac ineruditus, preci-
pitis ingenii ac audatioris vir ille eft, qui
folis humanioribus litteris inftuctus, ad recon-
ditorem diplomaticæ artis materiam tractan-
dam accedit, nihilque nifi argutationes,
nugas, cavillationes, & ineptias effudit,
Mabillon, Libro de arte diplomatica, Supple-
ment. præfatione p. 6.

(130) Privilegio d'Ottone II. ad Adelgifio Vefcovo di Como data tertio nonas Octobris
A. D. J. 978. Indict. 6. Imp. Domini Ottonis
quinto actum in Palatio Renesbonæ. Privilegio d'Ottone III. ad Pietro III. Vefcovo di
Como, data fexto Cal. Maji A. D. J. 996.
Imperii Domini Ottonis primo Indictione 9.
actum Romæ. Privilegio di Conrado I. ad
Alberico Vefcovo di Como. Data A. D. J.
1026. Indictione 9. anno Domini Conradi
Regis Secundo actum Veronæ. Privilegio dell'
Iftesso all' istesso, date A. D. J. 1026. indictione anno Domini Chuonradi Regis Secundo
actum Veronæ. Privilegio dell' istesso all' istesso.

Datum & actum ut fupra. Tatti appendice al fecondo Tomo pag. 813. 816. 839. & feqq.

(131) Quadrio Diſſertazioni Tom. II. Diſſert. 2. § 4. pag. 33. ibique citat. Muratorii antichita de tempi medii.

(132) Muratorii annali d'Italia Tom. VIII all' anno 988.

Sulfine & il da lui citato chiariſſimo Padre Gottifredo Abbate Gotwicenfe, Chronic. Tom. I. p. 206.

(133) Quadrio diſſertazioni aſſerifce falſi e ſuppoſti il Diploma d'Ottone 3. Tom. I. p. 165, 166. Il Diploma d'Arduino ibid. p. 167. i Diploma di Conrado Salico ibid. p. 175, 176. quelli d'Enrico 3 e 4. pag. 177. quello di Carlo magno Tom. II. p. 33, 34. e moltiſſimi altri.

(134) Quadrio Diſſertazioni Tom. II, p. 34 & 35.

Altre cofe fono pure in detti Diplomi onde la luora falſita ſi potrebbe tuttavia convincere, ma farebbe un perdervi tempo: da che uno Steſſo Vefcavo di Como che fic

Paolo Cernuſchi di venerata memoria, pregato da me a concedermi il riandare un pocho L. Archivio Epiſcopale mi confeſſò ſciettamente, che queſto aveva una volta patito incendio, e che quanto or vi ſi trovava di Documenti non erano da curạr punto, perchè eran ſuppoſti.

(135) Præceptum Ottonis Regis, quo Hartperto Epiſcopo Curienſi inter cætera donodat Vallem Prægalliæ, in Comitatu Adelberti Comitis datum 17. Calend. Feb. 958. Indict. 1. actum Friteslare. *Tſchudi Hauptſchlüſſel p.* 336. Præceptum Ottonis 2. Imperatoris, quo Hilleboldo Epiſcopo Curienſi inter cætera vallem Prægalliam, quam Comes Adelbertus in beneficium tenuerat, concedit dat. 3. non. Januar. 976. Indict. 4. Regni 15. Imperii 8. actum Eriſtein. *Tſchudi ebenda.*

(136) Vide Præceptum Henrici 2. dat. Anno 1024. in Appendice Lit. L. per Extenſum.

(137) Vid. Chronicon. Conſtantienſ. in Tom. III. Script. R. Ger. Piſtorii ſub. tit. Chronic. magnum Belgii, Francofurti 1654. editum p. 644.

(138) Vid. Eliæ Reuſneri opus genealogicum Parte II. de Stirpe Carolina p. 200.

(139) Vid. Chronicon Reginon. l. c. ad· ann. p. 74. Chron. Aberici ad ann.l. c. p. 252.

(140) Vid. Reuſner l. c. Bertholdus à fratre Ugrorum Victore Venonas & Atheſinos admini-ſtrare juſſus poſt ejus obitum Anno 937. ab Othone I. Cæſare Bojariæ regno eſt præfectus. Chronograph. Saxo ad ann. 921. l. c. p. 151.

(141) Reuſner l. c. p. c.

(142) Vid. Coringii cenſuram Diplomatis Cœ-nobii Lindavienſis. Max. Rasleri juſtam de-fenſionem ejusdem Diplomatis. Prærogativam Civit. Lindavienſis doctiſſim. Conſulis ejusdem Wegelini, & Leibnizii ac Struvii Litteras ad eundem.

(143) Vid. Goldaſt. Script. Rer. Alemannicar. Tom. II. in centuria chartar. Charta ˙ 19 & 24. ubi Adelbertus anno 882 & 879. Comes in Durgove vocatur.

(144) Chronic. Conſtantienſ. l. c. ubi de fra-tribus quos authores Proſapiæ Comitum de Bregentz facit, refert, ad avunculum ſuum Imperatorem Auguſtum ſe contulerunt, atque

ab eo gratanter accepti in Alemannia habitationes acceperunt, loca quam plurima, & ficut multa, ita & optima. Dedit quippe illis Potamum & Brigantium, Uberlingen, & Buchhorn, Aichhufe, Turingen (forte Turgoew), atque Haifteragew & Winterthur, cum omnibus appendicibus eorum & in Curienfi Rhætia Mefauch & alia multa, quæ temporis vetuftate memoria deleta funt.

(145) Vid. Diploma Renovationis limitum inter Salomonem Epifop. Abbatem Sancti Galli, Tietholphum Epifcop. Curienfem, atque Uldaricum Comitem de Lintzgöwe, actum in confluentia Rheni cum Lacu Podamico 3. Cal. Septemb. A. J. D. 890. indictione 7. reg. Arnolpho. Apud Tfchud. Rhætia Alpina, Cap. 10. in fine. Tom. I. Scardii pag. 279. *und in Gulers Rhætia p.* 100.

(146) Vid. Goldaft. Script. Rer. Alemannic l. c. chartas 73 & 79. ubi Voldaricus Comes in Tetinanc & in Lintova ut & in Eigantifwilare, quæ in Lintgovia fita funt loca, vocatur, & Chartas N°. 84. ubi in pago Turgav.

Venfi & 21. ubi in Elikowe Comes nuncu-
patur.

(147) *Siehe Schlehen Befchreibung der Land-
fchaft unter St. Lutzi Steig , Edition von
1616. p. 33.*

(148) Vid. Chron. Conftantienf. l. c. in Fragmento genealogico Stemmatis Sancti Geb-
hardi, ex antiquiffimis monumentis Coenobii
Petershufini ab eo fundati eruto.

(149) Vid. Luitprand. Hiftor. Libro 1. Cap. 12.
Muratorii S. R. J. Tom. II. p. 432. Anony-
mus, Poëmate de Laudibus Berengarii Lib. 3.
ibid. p. 402.

(150) Vid. De hac expeditione Hermann.
Contract. ad ann. apud Urftif. p. 334. &
Lamberth. Schafnab. ad ann. pag. 161. Leo
Papa profectus contra Nortmannos contulit
cum eis prope Beneventum figna , & fugien-
tibus ftatim in prima congrefsione Longobardis , Teutonici omnes , pene ad unum, in-
terfecti funt. De Adelberto v. Chron. Conftant. l. c.

(151) Vid. Hermann. Contract. ad ann. p. 313.

(152) Vid. Diplom. Chunradi Imperatoris ,

concessum interventu Gislæ Imperatricis &
Henrici Regis filii , Salomoni , Abbati Monasterii Fabariæ, quod situm est in Pago Rhætiæ Curiensis in Comitatu Marquarti dat. 3.
Cal. Feb. anno Dom. 1032. Indict. 15. Regni
8. Imperii 5. actum Strasburch. *Tschudi
Chronic. Helvet. p.* 12.

(153) Vid. Diplom. Henrici Regis concess. interventu Gislæ Imperatricis Matris, & pro
memoria Chunigundæ defunctæ ejus conju-
gis, Salomoni Abbati Fabarienfi, cujus Ab-
batia in Pago Rhætiæ Curiensis in Comitatu
Eberhardi sita est, datum 10. Cal. Julii Indict.
8. A. D. 1040. ibid. p. 16.

(154) V. Diploma Henrici Regis concess.
Monasterio, quod Schenines dicitur, situm in
Pago Churwalcha in Comitatu Eberhardi Comitis, dat. Cal. Feb. Indict. 13. A. D. J. 1045.
anno ordinat. 16. Regni. 6. actum Thurego
ibid. p. 17.

(155) Vid. Diploma Heinrici quarti Regis concessum Immoni Abbati Fabàriæ, in Pago Rhætiæ Curiensis in Comitatu Eberhardi Comitis
dat. sine die anno D. 1067. Indict. 5. ord.

14. Regni 11. actum Bruchful — ibid. p. 22.

(156) Vid. Palad. Rhætic. Lib. 3. p. 113.

(157) Vid. Ballarini Compendio delle Chroniche di Como Parte terza p. 244.

(158) Vid. Quadrio Tom. I. Differt. 5. p. 177.

(159) Vid. Lamberth. Schafnab. ad ann. 1073. ibid. p. 191. Statim rex à latere fuo Eberhardum Comitem mifit; qui Romanos proceres conveniens, caufam ab iis fcifcitaretur, quare, præter confuetudinem majorum, inconfulto, romanæ Ecclefiæ pontificem ordinaffent. Ibid. ad annum prædictum pag. 196. Henricus Rex, Luineburg quoque oppidum occupaverat, militesque lectiffimos cum Eberhardo, filio Eberhardi Comitis de Ellenburg impofuerat. Ibidem p. 220. ad ann. 1075. Ex parte regis in prælio non procul ab Hohenburg cum Saxonico exercitu comiffo, occubuere ibi Engilbertus Comes, ibi duo filii Eberhardi Comitis de Ellenburg.

(160) Vid. Chronic. Conftantienfe ibid. p. 682. in Fragmento genealogico Familiæ Nellenburgicæ Eberhardus fundat Scafufiæ Monafter.

Ann. 1052. duo filii cadunt in bello Saxonic●
anno 1075.

(161) Quadrio l. c. Ciofa vedere altresi falsis-
simo esser il Privilegio del detto Enrico,
chesi allega dal Tatti e da altri, conceduto
a Rainaldo Vescovo di Como nel 1065.

(162) *Tschudi Chronicon Helvet.* ad ann. 1079.
und 1080. *p.* 30—32.

(163) Vid. Wolf. Lazium de Migrat. gent. L. 8.
de Suevis in Genealog. Comitum de Werdenberg. pag. 443.

Henrichus frater germanus Roderici Comitis Palatini altæ Rhætiæ, unde Montfortii
descendunt; item Anselmi Comitis a Rheynck
& Rolandi Comitis Herrenbergiæ & Tubingæ,
Lodovico II. imperante castrum Werdenberg
construxit; Et ex Comitissa a Vadutz proge-
nuit liberos —.

(164) *Siehe Lirers Chronik am Ende des ersten*
Theils : Und ich Tomas Lirer, gesessen zu
Rankweil, das do gehört zu dem Schloss und
Herrschaft Felltkirch, hab dise Ding den
mereren Thail gesehen, und auch vil an
frommen leuten erfragt, an wahrhaften Herren,

ritteren und knechten, die mich des gar wahr-
lich unterricht habent. Dann ich auch meines
gnädigen Herrn von Werdenberg knecht bin
gewefen, und mit ihm ausgefaren gen Por-
tigall, und mit ym wider heim kümen. Und
ift das Buch zu erft abgefchrieben worden in
dem als man zalt von der Geburt Chrifti Eilf
Hundert und drey und dreyfigften jahr an fant.
Ofwalts Tag.

(165) Man mufs in dem erften Theil von Lirers Chronik felbft nachlefen, wie deutlich
diefe Wahrheit aus allerley ungereimten Volks-
märchen hervor frahlt, gleich Anfangs und
gegen der Mitte.

(166) Vid. Luitprandi Hift. Lib. 2. Cap. 9.
apud Murat. p. 438. Crufii Schwäbifche
Chronick Tom. I. Theil II. Buch 4. Cap. 1.
aus der Hiftoria Heinrich des Erften von Ernft
Brottuff, Edition von 1556.

(167) V. Campell ibid. Lib. 2. Cap. 26. Forte
per Hunfridum & Adelbertum illos ex Rhætia
oriundos Comites in Hiftria & Carinthia domi-
nati - - -

(168) Vid. Wippon. pag. 435. lin. 36. ad

ann. 1027. Paulo poſt Adelbero Dux Hi-
ſtranorum ſive Carintanorum reus Majeſtatis ,
cum filiis ſuis exulatus eſt.

(169) Vid. Hermann. Contraƈt. ad ann. 1039.
ibid. p. 323. Conradus Dux & Adelbero
Dux obierunt.

(170) Vid. ibid. ad ann. 1042. Magna pars
exercitus Hungarorum , quæ à ſeptentrionali
Danubii parte prædas faƈtura venerat, ab
Adelberto Marchione deleta eſt. Item Aventini Annal. Boiorum Lib. 5. pag. mihi 329,

(171) Vid. Bertholdi Conſtantienſis ad Hermann. Contraƈt. Appendice ad ann. 1093.
apud Urſtiſ. 368. ibique. — Civitates quoque
de Longobardia — contra Henricum in viginti annos conjuraverunt, qui omnes prædiƈto
Duci fideliter adhæſerunt. Tranſitus etiam
Alpium in Longobardiam obtinuerunt, ut fau-
tores Henrici ad ipſum non poſſent proficiſci.

(172) Vid. Carta di convenzione ſequita nel
Genaio del 1105. tra Guglielmo Abbate di
St. Ambroggio maggiore di Milano, e tra Alberico Vicedomini a cui come a Veltellineſe
ragguardevole per authorita e potenza da

il

il Caricho di cuftodire & difendere tutte le Cafe beni, mobili ed immobili dai Confini di Bellaggio fino al Luogo detto Bormio, fituati in effa Valtellina nelle Alpi e ne monti, contra qualfivoglia - - come da effa Carta fotto fcritta da predetti edal Notajo Stregerio, efiftente nell' Archivio di detta Abbazia. Quadrio Tom. I. p. 201.

(173) Vid. Anonymi Poëma de Bello & excidio Urbis Comenfis apud Murator. Sc. R. J. Tom. V. p. 413.

(174) Ibid. verfo quinto.

-         quæque meis oculis vidi potius referrabo.

(175) Ibid. vers 1400.

Inftabat tempus, quo vellet vifere natos,
Fœmina, quæ conjux fuerat Domini vice,
Nomine quæ Domina fuerat Gallitia dicta
Jordani Domina Domini fuerat vice conjux;
Optabat natos carumque videre maritum
Tempore quo Caftrum Tellina in valle regebat,
Nomine quod Caftrum dictum fuerat Domofoles.

-

Remos deducunt ftatim loca peffima linquunt,

D

Linquitur Infula , Bislatium , retinent Grabe-
donam ,

Domaxum mittunt , Suregum nec non ita
linquunt

Olonii littus , quos Abdua fufcipit intus ,

Inde fuam Dominam deducunt ad Domo-
folem ,

Quos vultu læto Dominus vice fufcepit intro.

(176) Vid. Stampa nelle note alla Terza Deca
Lib. 1. del Tatti al N°. 4.

(177) Vid. Landulph. Junior. Hiftor. Mediolan. Cap. 13. Cap. 17. alibique apud Murat.
Sc. R. J. Tom. V. p. 485. ibique Muratori
notam N°. 9. Vicedominus nomen officii ac
dignitatis notiſſimum.

(178) Vid. d. Stampa in annotat. ad. d. Poëma de Excidio Urbis Comenfis ibid. pag.
443. nota. 38.

(179) Vid. Galv. Flam. manip. florum. Cap.
159. 162, 163. 165. & feqq. apud Murat.

(180) Vid. Quadrio Tom. I. p. 203. la via ch'ei
tenne (Conrado) in venirci , fu , come narra
Ottone Frifingenfe lib. 7. Cap. 17. quella
del monte Braulio , donde neceffariamente

tuttā la Valtellina per lungo viaggiar dovete.

(181) Vid. Otton Frifing. Chronic. Lib. 7. Cap. 17.

Porro Conradus , à fratre ac quibuscunque aliis Rex creatus, Pireneum per jugum Septimi montis, qua Rhenuſ & Oenus fluvii oriuntur, tranſcendit.

Auf dem Oeſtlicheren Joch des Setmers befinden ſich in einer ſehr geringen Entfernung drey kleine See , zwiſchen welchen der grasreiche Gipfel des Berges liegt. Der aus dem Oeſtlichen flieſſende Bach , iſt eine der Quellen des Ins , die den Silſerſee bilden. Der Nordliche ergiefst ſich ob Biwio in den Oberhalb-Steiner Rhein, und durch dieſen in die Albula und den hintern Rhein , und der Weſtliche zollt ſein Waſſer der Maira und dem mittelländiſchen Meer. Es iſt ſich zu verwundern , dafs der Biſchof von Freiſſingen dieſes beſſer gewuſst hat als Quadrio.

(182) Vid. Sigon. de Reg. Italic. l. c. column. 685. 687. 1140 & 1141. Welphoni autem vires Rogerius Siculus, pecunia miniſtrata, ſuppeditavit , veritus, ne Conradus domeſtica

aliquando feditione perfunctus, in Italiam
ad coronam accipiendam adirèt. Èt mox: —
quo anno Welfo turbare res in Germania
inftituit, neque Conradum ulla ratione de
corona aut de Italia cogitare permifit.

(183) Vid. Comment. Mafcovii de Rebus Imperii R. Germanici fub Lothario II. & Conrado III. Lib. 4. § 21. In Abbatem Bernar-
dum, jam qui præcipuus hortator belli fuerat, ingens conflata invidia. Ei nunc acres
illas conciones & vaticinia fua objiciebant —
Excufabat autem, non fe *fponte fua*, *fed
juffu Pontificis*, Principes populosque exci-
taffe ad facram militiam ; ibique citat. Gotfr.
Clarevallenfis in vita Sancti Bernardi Lib. 3.
Cap. 4. § 9.

(184) Vid. Otton. Frifingenf. de geftis Frid.
Lib. I. Cap. 59. pag. 443. Gefta Ludovici VII.
Regis apud du Chefne Tom. IV. Cap. 24.
Mafcov. l. c. Ita maximi duo Occidentis
Principes, qui innumerabiles exercitus in Afiam
duxerant, fere foli, alienis navibus ad fua
reverfi funt. *Der Troft, welchen ein gewiffer
Abt Johannes, dem heil. Bernhard über die*

*Menge der Kriegsleuten, welche bey diesem
heil. Zug ihr Leben eingebüsst hatten, zusprach, war von einer sonderbaren Art:*
Beatus Johannes & Paulus, *schreibt er an
den Heiligen*, sæpe nos visitare dignati sunt;
quos ego super hac re interrogari feci, &
hujusmodi sententiam responderunt, dice-
bantque; multitudinem Angelorum qui ceci-
derant, de illis qui ibi mortui sunt, esse
restauratam. Inter. Epist. S. Bernardi N°. 386.

(185) Vid. Otto Frising. L. c. Cap. 63. p.
446.

(186) Vid. Otto Frising. L. c. Cap. 39. p.
429.

(187) Vid. Otto Frising. ibid. Conrad. Ursperg
in vita Conradi pag. mihi 488. qui designat
annum 1147. Wilhelm. Tyrienfem Archiep.
lib. 16. Histor. Hierofolymit. Cap. 23. p. m.
904. Otto Frising. L. 2. p. 447.

(188) Vid. Struvii Syntagma Juris publ. Cap.
3. § 15 & 16.

(189) Vid. Otton. Frising. Lib. 2. C. 16 &
17. p. 456 & 457. Otton. Morenæ Histor.

Script. Rer. Italic. Muratori Tom. VI. columna 981.

(190) Vid. Otton. Morenæ Hist. ibid. columna
1119. Comes Redulfus de Lindo erat, magnæ
ac fpiffæ Staturæ formosissimis & rectis mem-
bris, venustam & pulcherrimam, ac hilarem
faciem habens, capillis candidis & longis,
oculis magnis & claris, fapiens ac bellico-
fus & quo pulcherior in exercitu Imperatoris
nullus inveniretur. confer Chronicon Constan-
tiense in Tom. III. Scardii p. 647. & Aventini annales Boiorum Lib. 6. p. m. 979.

(191) Vid. Radevic de Gestis Friderici Imperatoris Lib. 1. Cap. 25. apud Urstis. p. 491.

(192) Vid. Goldast. Collect. Constitutionum im-
perialium Tom. I. p. 269.

(193) Vid. Otton. Morenæ l. c. Columna
1016 & 1017. Interea, namque Imperator
colloquium in Ronchalia, in Sancto Martino
proximo venienti, maximum fe habiturum
constituit, omnibus fere Italiæ Principibus,
Consulibusque civitatum in ipfo colloquio
inesse præcipit, ad quod quatuor etiam prin-
cipales legis Doctores, videlicet Bulgarum &

Martinum Gofiam, feu Jacobum , atque Ugno-
nem de Porta , Ravegnana, Bononiæ Magiftros, intereffe feçit , omnefque ipfi convene-
runt colloquio, nono Calendar. Decembris
ultra Padum prope Ecclefiam Sancti Petri da
Contrebbia in 1158. anno de Indictione fep-
tima. Imperator igitur univerfique Principes
ac civitatum Confules ibi infimul fe conve-
nientes. Inprimis vocavit Imperator omnes
prædictos Bononiæ Magiftros, juffitque eis ,
quod ipfi judicarent ei in veritate omnia
regalia Jura , quæcumque Imperii Jure in Longobardia ad ipfum fpectarent ac fua effe
deberent. Ipfi Imperatori refpondentes , dixe-
runt , fe nolle hoç facere fine confilio aliorum judicum univerfarum Longobardiæ civitatum ibi adftantium, Imperator igitur duos
uniuscujusque Longobardiæ civitatum judices
elegit, juffitque eis , quod ipfi omnes , cum
prædictis quatuor Bononiæ Magiftris ad confilium ambularent, omniaque regalia, jure
quocumque effent, diligenter inveftigarent ,
ut à confilio redeuntes fub nomine fidelitatis quam fibi juraverant ea omnia recto

tramite fibi per omnia, prout melius potue-
runt, publice dicant.

Ipfi autem judices cum viginti octo excep-
tis Bononiæ Magiftris fuerunt, omnes ad
confilium exeuntes, ac omnia regalia jura,
de quibus intra fe conferentes, tandem ad
Imperatorem redierunt, ac ipfi coram omnibus Principibus omnia jura ad eum fe fcien-
tibus jure regaliæ pertinentia, in fcriptis nar-
raverunt.

(194) Vid. Radevici de Geftis Friderici Imperatoris Lib. 4. qui fecundus eft appendicis
Cap. 1. & feqq. in appendice, noftra Lit. M.

(195) Vid. Anonymi in Ticinenfi Univerfitate
Profefforis notas in Morenam. nota 13. Tom.
VI. S. R. J. Muratorii columna 1019.

(196) Vid. Goldaft. Conftit. Imp. Tom. I. p.
268. ubi — *Friderici Imperatoris Augufti Leges
Caftrenfes latæ apud Brixiam in conventu principum Imperii.*

(197) Vid. Radevic. Lib. 1. appendicis qui
tertius eft geftorum Friderici Cap. 26 & 27.
apud Urftif. p. 492 & 493.

(198) Vid. Radevic. L. 2. append. Cap. 7.
pag. 510.

(199) Vid. Conrad. Urlspergenf. parte 3. in
vita Friderici p. m. 497. confer. Conftitutio-
nem Pacis cum Mediolanenfibus initæ, Artic.
8. apud Goldaft l. c. Tom. I. p. 270.

(200) Vid. Otton. Frifingenf. Lib. 2. C. 12.
in fin. l. c. p. 454. Item in notis fupra citat. ad
Otton. Morenam. nota 12. ibid. colum. 1017.

(201) Vid. Lib. 2. Feud. initio tit. 1.

(202) Vid. Radevic. d. l. 2. Cap. 15, 16, 17.
Cap. 21 & 23. p. 516 & feqq. Gunther. Ligur.
L. 9. vers. 107. Indoluit facto quantumque vi-
debat honoris Acceffiffe viro tantum Pater
ipfe putabat Deceffiffe fibi — — — —

(203) Vid. Radevic. d. l. cap. 25. p. 523.
refponderunt, juravimus quidem, fed juramentum attendere non promifimus.

(204) Vid. Radevic. ibid. c. 28. p. 523.

(205) Vid. Otton. de Sanct. Blafio. Cap. 16.
apud Urft. p. 204. Alberic. ad ann. 1162.
apud Leibniz p. 338. — Mediolanenfes obfi-
dione fame inopia, & quod gravius eft feditione coarctati, per internuntios petunt ab

Imperatore mifericordiam , tantum ut vita donentur, omnem conditionem ab ipfo pofitam promittunt fe fuftinere. Calendis itaque Martii omnes per turmas fuas exeunt ; prius principes poft eos nobiles & milites, manibus gladios fuos tenentes, quafi rei Majeftatis & proditores , deinde promifcuum vulgus, funibus colla inexi, in cilicis cinere capitibus afperfo , ad pedes Imperatoris in modum crucis fe profternunt. Ille pius & mifericors lachrymis perfufus, qui propofuerat eos ad terrorem aliorum diverfis fuppliciis interimere, vita donatus , rebusque neceffariis quantum fecum ferre poterant conceffis, per regiones difperfit; ita ut non haberent licentiam amplius in civitatem revertendi. Deinde juffit fuos civitatem ingredi , muros , turres, alta & fuperba faftigia & ædificia deftrui; tribus tamen pepercit Ecclefiis.

(206) Vid. Otto. Morena l. c. columna 1105. quinquagefima pars Mediolani non remanfit ad deftruendum. Remanfit tamen fere totus murus qui adeo bonus & magnis lapidibus confectus fuerat & quafi centum turribus decoratus.

(207) Vid. Sire Raul de rebus geſtis Friderici
I. Tom. VI. S. R. J. Muratorii columna
1188.—

(208) Vid. Otton. de St. Blaſio in append.
Cap. 22. apud Urſtiſ. p. 208.

(209) Inſtrumentum Pacis compoſitæ inter Imperatorem Fridericum & ejus filium Henricum,
& civitates Lombardiæ A. J. 1183. regnante
Friderico Imperatore dat. apud Conſtantiam
in ſolemni Curia 7. Calend. Julii. Apud
Murator. antiquit. Ital. Tom. IV. Diſſert.
48. p. 307. Item in appendice ad Lib. Feudor. .in Corp. Juris Gloſſ. cum notis Baldi.
Item in Corp Juris. Gothofredi ibid.

(210) Vid. Baldum in notis ad Pacem Conſtantiæ, ſtatim initio ad § volumus ut regalia.

(211) Vid. Sire Raul l. c. in fine Col. 1195 &
1196.

(212) Vid. Pet. Mar. Campi. Hiſtor. Eccleſ.
Placent. Tom. I. p. 415. & in calce Diplom.
N°. 134. dat. Roncaliæ 5. Cal. Septemb.
1143. in quo inter teſtes recenſetur Adhel-
gerus Epiſcop. Curienſis.

(213) Vid. den *Catalogus der Biſchöffe von*

Chur von dem hochw. Fürften und Herrn Johan Bifchof zu Chur zufammen gezogen, gedruckt zu Embs 1645. N°. 46.

(214) Vid. *Tfchudi Hauptfchlüffel* l. c. pag. 319. Brufchius in Catalogo Epifcop. Curienf. N°. 40.

(215) Vid. *Bifchofs - Johan Catalog. der Bifchöffe* l. c.

(216) Vid. Faftos Corbeijenfes pag. 77. in *Harenbergs* monumentis Hiftoricis, *verglichen mit Wurfteifens - Baslerchronick Buch* 2. ad ann. 1083. pag. 107.

Ernaldi vita S. Bernard. L. 2. c. 8.

Hergott Hapfpurg. Probat. N°. 238.

(217) Vid. *Bifchofs Johan Catalog. der Bifchöffe* l. c. N°. 45.

(218) Vid. Brufch. de Epifcop. Germ. in Catalogo Epifcop. Curienf. N°. 39.

(219) Vid. Appendic. ad annal. Hepidan. Cœnobitæ S. Galli apud Goldaft. Statim initio, *verglichen mit Tfchudi Chron. Helvet.* ad ann. 1169. Tom. I. p. 84.

(220) Vid. Diplom. fignat. a Friderico Rom. Imperatore. Datum apud Mengen. D. 18.

Cal. Julii A. D. Incarnationis 1170. Indiƈt. 3.
anno Regni 18. Imperii 15. apud Tſchudium
l. c. p. 85.

(221) Vid. Burkhard. Monaciſ. S. Galli de Ca-
ſibus d. Monaſterii Cap. 10. Uldaricus Abbas
honeſtate ſua & meritis ſuis & honeſta fama
exigentibus in Epiſcopatum Curienſem pro-
motus eſt. Quem cum oƈto annis per elec-
tionem tantum tenuiſſet, in Concilio Alexandri
Papæ opinione accepta quam harum dignita-
tum vellet, acciperet, quia ambobus ſecundum
canones præeſſe non potuit, Abbatiam ex
devotione elegit, Epiſcopatum vero quatenus
elationis vitium declinaret, in præſentia totius concilii refutavit.

(222) Vid. Goldaſt. Conſtit. Imperial. Tom I.
p. 285. ad ann. 1180.

(223) Vid. Pacem Conſtantiæ ſupra citat. dat. 7.
Cal. Julii 1183. ubi in ſubſcript. Principum
& nobilium Curiæ qui præſcriptam pacem
& concordiam per ſe firmam tenere jurave-
runt.

Hermannus Monaſterienſis Epiſcopus, Henricus Cirnenſis eleƈtus, Citalinus Curienſis.

(224) V. Otton. Morena l. c. columna 1155. Imperator — quam citius potuit Longobardiam intravit, fed tamen antequam Longobardiam attin-
geret, plus de duobus millibus inter Epifcopos,
Comites, & Marchiones, feu Duces aliosque
Principes atque nobiles & fcutiferos in ipfo
itinere gladio folummodo Dei interierunt.

(225) Vid. Diploma Friderici I. Imperatoris
Heinrico Abbati Fabarienfi in Pago Rhætiæ
Curienfis in Comitatu Hugonis conceſſum
Dat. Ulmæ. 7. Idus. . . . . anno D. 1158.
Indictione 5. Regni 6. Imperii 3.

(226) Vid. Otton. de S. Blafio l. c. Cap. 18
& 19. p. 204 — 205. ibique. Anno Incarnationis Dom. 1165. auditis per Principes in
cifalpinis partibus regni devaſtationibus, Fridericus Imperator ex Italia regreditur, ejusque juſſu demiſſis à Palatino captivis militibus Welfonis, generalis Curia in Quadrage-
fima apud Ulmam Principibus indicitur, de
hac Curia vide Hertenſtein. in fpecimine Hiſt.
Patriæ Manufcpto p. 8.

(227) Vid. Otto de S. Blafio ibid. *Gulers Rhætia Buch* 9. fol. 133.

(228) Vid. Aventini Annal. Boior. Lib. 6. p. 394.

(229) Vid. Otton. Moren. Hiftoriam. Sc. R. J. Muratorii Tom. 6. column. 958, 959. & notam Saxii N°. 6. & N°. 10.

(230) Vid. Otton. Moren. ibid. columna 958. 966. & notas.

(231) Vid. Tfchudi Chronicon Helveticum ad ad annum 1153. Tom. I. p. 74.

(232) Vid. Inftrumentum rogatum. à Bartholomeo Judice de Ladranio de Clavenna actum in civitate, de Curia fub porticu Ecclefiæ Sancti Martini A. D. 1204. die Martis 11. intrante Madio Indictione 7. quo Dominus Conradus de Medezeno & Conradus ejus filius inveftiverunt nomine emphiteufeos D. Bartholomeum filium D. Anrici Præandræ Confulem Clavennæ nomine & ex parte totius communis Clavennæ nominatim de tota Alpe de Emede. Dando & folvendo domino Conrado annuatim cenfum in Timiliafca in Loco Caza, omni anno in Sancto Martino, Solidos triginta denariorum novorum mediolanenfium & libras viginti de Pipero bene ponderato, de hinc

ad triginta annos continuos; teftes Dominus
Rangerius de Segagnio, Altemannus filius
domini Ainrici de Razumo , aliique.

(233) Vid. Diploma Heinrici 6. Rom. Imperat.
Datum apud Curiam 11. Cal. Junii a J. D.
1194. Indict. 12. Regni - - - - Imperii anno
4to quo refignationem Ecclefiæ in Benedura
illi a Rudgero de Limpach, traditæ acceptat.
Tfchudi Chron. Helvet. ad ann. 1192. Tom. I.
p. 96.

(234) Vid. Bullam Friderici Imperat. primi
de limitibus Diœcefis Conftant. Data Con-
ftantiæ A. D. J. 1115. Indictione 4. 5., Calend.
Septemb. anno Regiminis 4. Imperii I. adeft
per Extenfum, in Chronic. Conftant. fupra
cit. in tomo III. Piftorii p. 623. ubi de limitibus Rhætiæ Curienfis - - - - Deinde inter
Lofanenfem Epifcopatum per ripam Aræ usque
ad Lacum Tunfch (*Tunerfee*) inde ad Alpes
& per Alpes ad fines Curienfis ad villam
Montigel (*Im Rheinthal beym Hirzenfprung*).
Item fines Forefti Arbon (*Appenzellerland
und Rheinthal.*) per fluvium Syndronam
(*Sitter*) ad Alpem Syndronam inde ad Albam
Syndronam,

Syndronam inde per decarfum ipfius aquæ ufq.
ad montem Himelberg, inde ad Alpem fabati
nam, inde per Tirftum ufque ad Rhenum; ubi
in vertice rupis fimilitudo Lunæ juffu Da-
goberti regis, ipfo præfente, fculpta cer-
nitur, ad difcernendos terminos Burgundiæ
& Curienfis Rhætiæ; inde per medium Rhenum ufque ad Lacum.

(235) Vid. Litteras quarum feries Waltherus
nobilis de Vatz, omnes homines Theotu-
nicos refidentiam habentes in Valle Rheni
in fuam protectionem & ducatum recipit. Datum A. D. 1277. die fabbati ante feftum
Sancti Galli. In appendice noftra Lit. N. adeft
per extenfum.

(236) Feudor L. 1. Tit. 19. & L. 2. Tit. 52. ann.
1127.

(237) Vid. Inftrumentum finis factum à ne-
potibus & filiis, quam Cozonis de Arzago &
ab omnibus illis de loco Arzago qui dicuntur
confanerii Cumani, omnibus vicinis de Clavenna de feudo illo quod Comune de Clavenna acquifivit ab Alberico & Lanfranco
de Oureno. Cui Albertus judex ac Miffus

E

Regis, interpofuit fuum Decretum; actum Ri-
palta ante Ecclefiam Sancti Sigismundi anno
1150 —— Menfis Septembris Indictione 14.
Sententia lata ab Alberto & Johanne Confulibus Cumanis Judicibus & Miffis Regis inter Clavennates & Plurienfes, actum in Silva
de Roncalia ann. 1151. die Sabbati 7 Julii
Indictione 14. ex copiis authenticis penes mè.

(238) Vid. Sententiam latam per Gerardum Ni-
grum, Judicem, qui dicitur Cagapiftul, Confulem Mediolani, Ottonem de Cafale, atque
Robbafaccum in caufa inter Clavennates & Plurienfes, caufa expenfarum fupra fcriptæ Sententia quæ erant libræ viginti novem pro quarta
Plurienfium, qui juramento præftito abfoluti
fuerunt. Clavennatum miffi Frago Conful, Main-
fredus de Ladrania; Plurienfium miffi Otto
Mora , Jordan Jacob & Oddo de Siliano;
Teftes Otto de Mairola, Petrus de Terzago,
Francherius Boxabeletta & alii. Datum A.
1152. 8. Maji, Indict. 15. Ex Copia authentica.

(239) Vid. Sententiam latam ab Anfelmo qui
dicitur de Orto (*der Sohn des oben erwehnten*

Oberto de Orto; *man fche* Feudor. L. 2. Tit.
23.) Gilberto qui dicitur Pavarus, & alios inter
Ozonem Beldoni Confulem. & Mainfredum
de Ladraignia, pro Clavenna & Girardum de
Capite Pontis, & Pruinum Sinda de Plurio,
caufa quorundam expenfarum; victoria Plurienfium. Actum in Brocletto Confulariæ
Anno 1155. die Mercurii 3. Julii, Indict. 3.
(240) Vid. Litteras conceffas à Frederico Rom.
Rege Soldano Confuli Clavennæ &c. præfente
Cumano Epifcopo Arditione, in Curia Ulmæ
celebrata, ubi Sententia à Principibus requi-
fita, furrexit Albertus de Chiburch, fub pœna
Sacramenti Sententiam favore Clavennatum
proferens. Quam omnes Principes laudave-
runt, & ibi ftatim fecuta eft inveftitura. Teftes Hermannus Epifcop. Conftant., Ortlieb
Epifc. Bafilienfis, aliique. Actum in Curia
celebrata Ulmæ A. 1152. 7 Idus Martii. Ex
Copia authentica.
(241) Vid. Privilegio di Frederico Imperatore
al medefimo Arditione I Vefcovo di Como,
nel quale fi contienne la Sentenza che il Contado di Chiavenna s'afpetta di raggione alla

Chiefa di Como. Data apud Bambergam A.
D. J. 1153. Indict. 1 — 9. Cal. Maji Regni
A. 2. Tatti Tom. 2. p. 870.

(242) Vid. Ott. Frifing. de Geft. Friderici, L. 2.
Cap. 1. ibique A. D. 1152. decedente ab hac
luce vernali tempore, id eft, fexta feria pro-
xima, ut dictum eft poft caput jejunii in Civitate Bambergenfi piiffimo Rege Conrado,
3. nonas Martii, id eft tertia feria poft Oculi
mei in oppido Franconofurt. — Ab omnibus
Fridericus Suevorum Dux, Friderici Ducis filius petitur, cunctorumque favore in Regem
fublimatur.

(243) Ibid. Cap. 3. Adftrictis igitur omnibus,
qui illo confluxerant fidelitate & hominio
Principibus cum paucis quos ad hoc idoneos
judicavit, ceteris in pace dimiffis, Rex cum
multa jucunditate quinta feria naves ingredi-
tur, ac per Mogum & Rhenum navigans, in
villa regali Sinciche applicuit, ibi equos afcen-
dens in proximo Sabbato Aquisgranum venit.

(244) Vid. Quadrio Differtazioni, Tom. I.
p. 206. & feqq.

(245) Vid. Benedicti Jovii Historia Comenf. ad ann. 1152.

(246) Vid. Sprecheri Pallad. Lib. 3. p. 119. Elzev.

(247) Diploma Henrici 6. Imperat. Actum A. J. D. 1192. Indict. 10. Regni 23. Imperii 1. Datum Ragenowe 15. Cal. Martii. In quo continetur per extenf. aliud Dipl. Friderici I. Datum Ulmæ in Fefto Purificationis Mariæ A. D. J. 1165 —

(248) Vid. Quadrio l. c. pag. 205. & feqq. Bened. Giovio l. c. ad ann. 1169.

(249) Vid. Radevic. Lib. 2. Cap. 28. Bened. Giovio l. c.

(250) Vid. Galvan. Flama Manip. flor. Cap. 186 — 187. apud Murator. colum. 640 — 642.

(251) Vid. Poëma de Bello & Excidio Urbis Cumanæ l. c. v. 888. & notam 38.

(252) Vid. Inftrum. rogat. per Zannubertulum Rufcam & per Joannolum de Camnago ann. 1359. Indict. 12. die Lunæ 21. Januarii in quo Anfelmus Cumarum Epifcopus declarat,

quod in Feudo illorum de Trefpete, quod
erat in Trixivio & alibi in Epifopatu Cumarum, & in Terra Tyrani quæ dicebatur
de Terra D. Bertæ *non continetur Terra S.*
Dionyfii, Quadrio Loco citat. pag. 219.

ANMERKUNGEN.

ZWEYTES BUCH.

ANMERKUNGEN.

ZWEYTES BUCH.

(1) WILL ye fubmit your necks., and chufe
    to bend
The fupple knee? ye will not, if I truft
To know ye right, or if ye know yourfelves
Natives and fons of Heav'n poffefs'd before
By none, and if not equal all, yet free,
Equally free; for orders and degrees
Jar not with liberty, but well confift.
Who can in reafon then or right affume
Monarchy over fuch as live by right
His equals, if in pow'r and fplendor lefs,
In freedom equal? or can introduce
Law and edict on us, who without law,
Err not? much lefs for this to be our Lord,
And look for adoration to th'abufe
Of thofe imperial titles, which affert
Our being ordain'd to govern not to ferve.
   Milton's Paradife Loft. Book V. v. 787—802.

(2) Vid. Sigon. de Regno Italiæ Lib. 20. in fine Edit. Muratorii Tom. II. col. 1102, 1103 & 1104. Jofeph. Antonium Saxium ibid. not. 107. Bodinum de Republica Lib. I. Cap. 9. § 123. p. m. 161. Coringium de Finibus Imperii Lib. 2. C. 23. §. 4. m. 496. Pfeffin-gerum ad Vitriarium Tom. II. Lib. 2. Tit. 5. Nota (a) p. 1017. Codicem Epiſtolar. Rudolphi Rom. Reg. editum à Rev. D. Martino Gerberto Abbate Sanċti Blaſii Lib. 3. Epiſt. 32. in nota N°. 2. p. 182.

(3) Vid. Diplom. à Ludovico Dei gratia Rom. Imper. S. A — nobili militi Azzoni de Vice-Comitibus, fuo & Imperio fideli dileċto con-ceffum. Ubi — Te Vicarium noſtrum & Imperii, Civitatis Mediolani ejusque Comitatus & Diſtrictus, auċtoritate præfentium, facimus & conſtituimus, tibi in prædiċta Civitate ejusque Comitatu & diſtriċtu, merum & mixtum imperium & omnem jurisdiċtionem & exercitium per te & per poteſtatem exercendum quem etiam duxeris eligendum — — — Tenore prefentium concedentes ut poſſiis ad

noftrum & Imperii honorem regere & guber-
nare. — Corio ad annum.

(4) Vid. Annal Mediolanenfes Cap. 147. 157.
158. apud Murat. Script. Rer. Italic. Tom.
XVI. Col. 788. 822 & 827. Coria ad ann.
1329. 1494 & 1495.
Du Mont, Luning, aliique.

(5) Vid. Diploma Maximiliani I. dat. die 5.
7bris ann. 1494. juxta Corium vel. 1495. re-
ferente Luningio. Ubi Imperator fe ad Diplomata Vincislai ac Sigismundi refert, eaque
confirmat. Cui ineft Claufula quod nec ulla
perfona, cujuscumque gradus aut conditionis exiftat, vel Communitas aliqua, vel Col-
legium, poffint fe à prædictis excufare fub
prætextu alicujus privilegii cujuscumque tenoris exiftat.

(6) Vid. Inftrumentum finis & quietantiæ, rogatum per Antoniolum fqm. Ser. Thomafii
de Fondra de Bellano die 5 Julii 1380. Inftrumentum Sindicatus vicinantiæ de Ber-
benno rogat. per Jacobum de Caftro Arzegni
die Dominica — Menfis Madii 1393. Inftru-

mentum Sindicatus Vicinantiæ de Alebbio,
rogatum per dictum Jacobum de Caftro Arzegni, die Dominica decimo nono Menfis
Julii 1411. & Inftrumentnm Pacis & remif-
fionis rogatum per Sylveftrum de Vall roffa
Cumanum die fecunda Menfis Madii 1444.

(7) Pag. 42 & 43. che farebbe ridere perfino
i Cani.

(8) De Jure Belli & Pacis Lib. 2. Cap. 16.
§ 31.

(9) Attentis gratiis & acceptis fervitiis, vid.
Inftrumentum Donationis Maftini Vice-comi-
tis in appendice Lit. Q.

(10) Ann. 1377. de Menfe Martii Magnificus
& excellens Dominus Bernabos habuit ex
Domina Regina conforte fua quendam filium
cui fuit impofitum nomen Joh. Maftinus.
Annales Mediolanenfes Cap. 139. Muratorii
Script. Rer. Italic. Tom. 16. col. 763.

(11) Vid. Annal. Mediolanenfes Cap. 144. Cap.
151. Chronicon Bergomenfe all anno 1388.
Corio Storie di Milano all anno 1385. ad
ann. 1403. Chronicon Placent. apud Murat.
ad annum 1385. Tom. XVI. — Andrea de

Radufiis Chronic. Tarvifinum pag. 785. ibid.
Tom. 19.

(12) Vid. Tom. I. Differtaz. 6. pag. 287.
*fchiebt dieſer gleich nach Como auch das
Veltlin in den Theilboden des Galleatz, und
citiert den Corio, der dieſes nicht ſagt.*

(13) Nel medefimo Giorno, *heiſst es allda*, in
un Sabbato per Bofchino Mantigaccio nobile
Milanefe fu fatto una Translatione, di tutte
le Citta e Terre laffate per il condam Arcivefcovo, tra Matheo, Bernabo, e ' Galleazo,
Onde a Matheo venne in parte: Lode, Pia-
centia, Bologna, Lugo, Maffa, Bobio, Pon-
tremulo, e Borgo San. Donnino. A Bernabo:
Cremona, Crema, Sonzino, Bergamo, Breffa,
Valcamonica, Lona con la Rivera del Laco
di Garda. Ripalto Caravagio, con il Ponte di
Vavre. A Galleazo: Como, Novarra, Ver-
celle, Afta, Alba, Aleffandria, Derthona,
Caftelnovo, Bafignan, Viglavona con il Ponte
di Ticino, Sancto Angelo, Montebono, Ma-
granno. Genua rimafe in dedizione di tutti
li Tré.

(14) Vid. Petrnm Azarium Cap. 11. Script.

Rer. Italic. Muratorii Tom. XVI. Annal. Mediolanenf. Cap. 117. ibid. Chronica di Bologna p. 436. R. J. Script. Tom. XVIII.
Storia di Parme , di Fr. Giov. Cornanzani in
fin. R. J. Script. Tom. XII.   .
(15) Differtazioni intorno la Valtellina. Differtaz. 6. § 1. per tot.
(16) Rhætia, *Buch* 10. *Bl.* 154.
(17) Vid. Gierolamo Ghilini Annali d'Aleffandria all' anno 1354. § 3. fol. 70.
Frattanto in efecuzione del Teftamento dell'
Arcivefcovo Giovanni. Bofchino Mantegazza
nobiliffimo Milanefe , e d'ogni forte di Dot-
trina ornato , & alcuni Dottori di Legge ef-
pertiffimi aderenti à Vifconti eftimarono fe-
delmente agli undici del fudetto Mefe di
Ottobre tutte le Citta e Terre e Caftelli
della Giurisdictione di Milano: & havendo
il tutto in tré parti giustamente divifo, ciaf-
cuno de Sudetti Principi cavò in Sorte la
fua porzione di quefta Maniera : A Matteo
toccarono Bologna, Lodi, Piazenza , Parma,
Bobio, Maffa, Lugo, Pontremoli, e'l Borgo
di San Donnino, con tutto il Territorio oltre

il Pò e'l' Abitazione dell' Arcivefcoyato di
Milano. Galeazzo hebbe Novarro, Vercelli,
Como, Afti, Alba, Aleffandria, Tortona,
Vigevano, Caftelnova, Baffignano, Bereguar-
do, col Ponte del Tefino, Sant' Angelo,
Montebuonò, Marliano, & il Palazzo, che
la Corte fi chiama : toccarono finalmente á
Bárnabò Cremona, Brefcia, Crema, Bergamo, Sonzino, Valcamonica, la Riviera del
Lago di Garda, Caravaggio, Rivolta, Vavero
con tutto il Territorio dell' Adda, Le Riviere
di Genova verfo il Lèvante, & il Palazzo
vicino al Templo di San Giovanni in Conca:
Si lafciarono indivife le due Città Milano,
e Genova, con condizione, che un folo
Poteftá per ciafcuna di effe Città ammini-
ftraffe á nome de Sudetti Vifconti la Pode-
fteriá.

(18) Vid. Differtazioni Tom. I. Differtaz. 6.
pag. 322, 323 und 324.

(19) Vid. Annales Mediolanenfes Cap. 147.
column. 80c. Lit. B. Ludovici Cavitelli Annales Cremon. ad ann. 1385. in fine. Chro-

nicon Bergomenſe pag. 848 *und* 851. Tom.
XVI. Script. Rer. Itallicarum Murator.

(20) Vid. Præceptum conceſſum à Maximiliano
I. Imperatore Paulo Epiſcopo Curienſi 16
Octob. 1516. Actum Auguſtæ per extenſ. in
Appendice Lit. W.

(21) *Abſcheide der Eydgenöſsiſchen Tagleiſtun-*
gen zu Baaden , und Regiſtraturabſcheide der
Canzley Zürich ad annum.

(22) Vid. Steffano Merlo nella ſua Chronichetta
manoſcritta all' anni Sudetti.

(23) Vid. Maſcard. de Probat. concluſ. 343.
N°. 1. l. 6. ff. d. Legat. I. Barthol. ad L.
Demonſtratio 17 ff. de Condition. & demon-
ſtrat. Goddeum , ad tit. de verb. ſignif. ad
L. 159. N°. 1.

(24) Vid. Hiſtoriam Electionis Maxim. I. apud.
Freherum Tom. III. p. 23. Gerard. de Rhoo
lib. 10. pag. 502. Edit. Oenipont. Fuger Lib.
5. C. 33. Hluterum Rer. Auſtriac. L. 2. c. 2.
& 9. *Schmids Geſchichte der Deutſchen,*
Buch 7. *Cap.* 26.

(25) Vid. Diplom. N°. 145. *bey Dumont,*
Tom. III. pag. 263. *Jacob Schrekken von*
Nonziegen

Leben Kayfer Maximilians unter den Bildern im Schlofs Ombrafs.

(26) Vid. Du Mont Corps Diplomatique Tom. III. p. 312. Dipl. N°. 166. *Edikt wegen dem Landsfrieden Kempten* 10te *May* 1494.

(27) *Eben dort* pag. 361. Dipl. 183 — 23 Maji 1496. pag. 385. Dipl. 165 — 27 Octob. 1497. pag. 388. Dipl. 197 — 10 Junii 1498.

(28) Vid. Du Mont Tom. IV. Part. 1. p. 26. Litteræ Max. I. quibus Epifcopum Virodunenfem de Regalib. inveftit. Dat. Auguftæ 1. . Maji 1502. —

(29) Vid. *Ebendort* pag. 45. Mandat. Imp. Max. I. ad omnes Electores Dat. in urbe Auguftæ 1503. pag. 66. 8. Aug. 1505. *und* pag. 107. 12 Octob. 1507.

(30) Vid. *Lünig Reichsarchif* Partis fpecialis Continuatione I. *erfte Abtheilung* p. 128. Diplom. 57. Ratificatio Maximiliani I. *des Bündnifses wider Venedig*, Datum in oppido Mechliniæ die 26. Decemb. 1508.

(31) Vid. Du Mont Tom. IV. P. I. pag. 132. Mandat. Max. I. Epifcop. Curienfi Dat. Infpruck. 16. Aug. 1510.

F.

(32) Vid. Ibid. pag. 149. Mandat. Max. I.
Imp. de abolendis actis concil. Turon. Dat.
in civit. Coloniæ 1. Septemb. 1512.

(33) Vid. ibid. pag. 224. *Kayſer Maxim. I.*
Revers gegeben Herzog Joh. dem Dritten zu
Clefen, wo es heiſst: Urkund dieſes Briefes
beſiegelt, gegeben zu Füſſen den 17 Julii
1516. unſers Reichs des Römiſchen im ein und
dreyſigſten, und des Hungariſchen im ſieben
und zwanzigſten Jahre.

(34) *Siehe Jöchers gelehrten Lexicon im Artikel*
Ulrich von Hutten. Ul. Huttenii Epiſt.
ad Erasmum, ſcripta die 24. Octob. 1516.

(35) *Siehe das bekannte Diplom. Ausſpruch*
Kayſer Maximilian des Erſten, in Sachen eini-
ger Irrungen und Zweytracht halben, ſo ſich
zwiſchen Herzog Ulrich von Würtenberg,
deſſen Gemahlin Sabina, wie auch Ludwig
Herrn von Hutten erhalten hat. Geben in un-
ſerer des heil. Reichs Stadt Augſpurg den 22ten
Tag des Monats Octobris nach Chriſti Geburt
1516. unſerer Reiche, des Römiſchen im 31ten
und des Hungariſchen im 27ten Jahr. Man
findet es bey Lünig Reichsarchif, part. Spe-

•iali cont. 11. *Abfatz* 6. *pag.* 724. *bey Du Mont* Tom. IV. pag. 245. Dipl. N°. 109. *in Sattlers Würtenbergifcher Gefchichte, und Hortleders der Römifchen Kayfer Handlungen ·und Ausfchreiben, Buch* 3. *Cap.* 2. *pag.* 628. (36) Sprecher loco cit. donabat Maftinus vicecomes Mediolani gratitudinis ergo, *Ecclefiæ Divæ virginis Mariæ quæ eft Curiæ.* — Rhæti noftri occafionem fua repetendi, præfertim Bormium & Pefclavium anno 1470. ab Ulderico Amatienfi amiffum aripientes — Ludovicus ergo Maurus, Tutor cum eis pacem init perfolutis 14000 florenis &c.

(37) Corio *fagt:* L'anno fequente che fu del parto della vergine octuagefimo feptimo, con mille quatrocento circa al fine di Februario, li Elvetii occupando Bormio entrarono in Val Teli dove con molte extorfione & anche morte di molti, fecino gran preda, ma foppragiongendo numerofo exercito Mandato dal Duca veneno a pace e reftituirono tutto quello avevano occupato, a quefto accordio non vi intervene lo Epifcopo di Valefio.

Benedictus Jovius schreibt :
Eo deinde anno, qui fuit octuagesimus sextus
Supra mille quatuor centum Rhæti Clavennam
vicum direptum incenderunt . . . . Anno
proximo suprascripti barbari Vulturenam præ-
dabundi incursaverunt. Eo Ludovicus Sforza
profectus , ictis foederibus *citra certamen
hostes repressit.* —

Ballarini erzehlt :
Nelqual Tempo 1486. Sacheggiorono li Griggioni ed abbruggiorono il Borgo di Chiavenna e sucessivamente Scorsero per la Valtellina ma furono scacciati da Ludovico Sforza
qual fece cingere di mura la Terra di Tiranno
e chiudere la Valle medesima.

(38) Vid. Sprecher Pal. Rhæt. lib. 10. pag.
385. Elzevir. Edit. *Guler Rhætia Buch* 11.
und Buch 13. *Campel im 2ten Theil Cap.* 48.
*Ardüser im Leben Hercules Capols und Con-
rads Planta.*

(39.) Vid. Lettres du Roi Louis XII. Bruxelles
1712. 8°. Tom. IV. p. 139. Lettre de Jean le
Veau à Marguerite d'Autriche, Lodi le 28.
Mai 1513. Madame, les choses d'aprésent

font en tel terme, que le Duc s'eſt retiré avec les Suiſſes, & touttellement mis à leur protection, & tous lui ont promis de l'aider de toute leur puiſſance, & que jamais, ni le laiſſeroient ni l'abandonneroient, mais eux & tout le pays des Suiſſes le maintiendroient en ſon Duché, & viendront en ſi grande abondance, qu'ils feront ſuffiſans de combattre non-ſeulement le François, mais tout le monde.

Petri Juſtiniani Hiſtor. rerum Venetar. Libro undecimo in fine. Nam ad Helvetios ex tota ferme Italia exteriſque Regibus Legationes advenere, quibus bellicoſæ gentis ſocietas expetebatur ad occupandum Mediolani principatum, quem Maximilianus Sforza ex illuſtriſſima Galeacii & Ludovici profapia ortus hæreditario jure ſibi merito vindicabat. Eum autem Germani, Hiſpanique inſatiabili dominandi cupidine ſibi, Sociis Helvetiorum armis adſciſcere tentabant, atque idem Francorum Rex moliebatur, at illi Badenſi concilio reiectis *magno animo* Regum poſtulatis

Maximilianum Sfortiam in ampliſſimo retinere
principatu armis ſtatuere.

, Itaque ille eorum auxiliis Mediolani Ducatu , ejectis Gallis , potitus eſt. *Noch ſtär-
ker`iſt der Brief Pabſt Leo des X. vom 11.
Merz 1513. in Tſchudi's Sammlungen gr. 68.*
B. 2. N°. 27.

(40) *Bey der letzten* Viſita paſtorale *des Biſchofs*
von Como hat es ſich befunden: daſs die Be-
völkerung des ganzen Veltlins ſich auf 66766
Seelen beläuft. Worms zehlt kaum 4000, und
die ganze Graffchaft Clefen ungefehr 15000
Seelen, macht nicht gar 80000 Seelen; hin-
gegen geſteht Lavizzari ſelbſt, Memorie Iſtoriche
Lib. 2. pag. 73. *Bündten habe 40000 ſtreit-*
bare Mann; dieſe, nach der gemeinſten Rech-
nung mit 5. multiplicirt, geben 200000 Seelen.
Wer ſieht hier nich den groſſen Froſch neben
dem kleinen Ochs?

(41) *Siehe in den Regiſtratur-Abſcheiden in der*
Canzley Zürich Tom. 1. fol. 210. die Verhand-
lungen des Eydgenöſsiſchen Tages zu Baaden,
woraus klar erhellt, daſs die Bündtner von allem

dem Geld, das Mayland an die Schweiz bezahlt hatte, nichts empfangen haben.

(42) *Galleacii Capella, Mußerkrieg, über-
setzt von Wenzesla, Linken, Bern,* 1539. *fol.
pag.* 5. *dieweil die grauen Bündtner die Stadt
Clefen und das Veltlinerthal durch Verände-
rung des Herzogthums Mayland von ihnen
eingenommen und beseßen worden.*

Botero Defcrizione di tutto il Mondo Lib.
primo, parte prima, § de Griggioni. Li Griggioni
hanno prefe quefte due Valli (Valtellina e
Chiavenna) alli Duca di Milano egualmente
come li Svizzeri hanno prefo delle altro
Valli Brifago , Locarno, Bellinzona e Lu-
gano.

Guicciardini Storia d'Italia Lib. 10. in fine.
Occuporono li Svizzeri Locarno e li Grig.
gioni la Valtellina e Chiavenna.

Ludovicus Cavitelli Annales Cremonenfes — ad 'ann. 1512. pag. mihi 248.
per Suitenfes Lucerna & Rhetos Valletellina
& Clavenna retentis.

Muratorii annali d'Italia all anno 1512.

Li Svizzeri nel tornare al luoro Paefe occuparono la Valtellina Chiavenna e Locarno.

De Fougaſſes Hiſtoire de Vénife Livre 10. de la 4. Decade pag. mihi 514. En ce changement, Plaifance & Parme fe donnèrent au Pape; les Suiſſes fe faifirent de Lucarne, & les Grifons de la Valtelline & de Clavenne.

Belcaire Commentar. Rer. gallicar. Lib. 13. pag. mihi 394. Lucarnum Helvetii, Vulturenam vallem ac Clavennam Rhæti occuparunt.

Joh. de Buſſieres Hiſtoria Franciæ Lib. 10. pag. mihi 130. Rhæti Vallemtellinam, Helvetii Lucernam invadunt.

Davidiis Chitræi Chronicon Saxoniæ Lib. 6. § Galli victores ex Italia pulfi Rhæti tum Clavennam & vallem Turenam, Helvetii Lucarnum Mediolanenfi Ducatui decerpferunt.

Serres Inventaire général de l'Hiſtoire de France, Louis XII. an 1512. Edition in fol. pag. 516. Les Suiſſes s'emparent de Lucarne; les Grifons, qui fur ce revers quittèrent auffi l'Alliance Françoife de la Valtelline & de Chavenne.

Père Daniel Hiftoire de France, Tom. VIII. p. 69. La Valtelline fe rendit aux Grifons, & Locarno aux Suiffes.

Scbwichard Chronica manufcript. Cap. 28. *fo hand die Eydgnöffen vorbehalten drey Plätz in Lomparden, nemlich Lowerts, Lugaris und Thun. fo hand die Graubündner ihnen vorbehalten die Landfchaften im Clefnerthal.*

Conrad Juftingers und Valerius Anfelmus Chronik manufc. T. III. ad ann. 1512. , *wie die von Uri mit Zulauf etlicher von Schweitz und Unterwalden hand ingenommen Thun, Efchenthal, Lugaris und Lowerz, da namen auch die Graubündner in, das Veltlin und Clefnerthal.*

Fortfetzung von Schillings Chronik Ends des Buchs von den Mayländifchen Kriegen, gefchrieben Anno 1532. *Stadt Bibliothek von Zürich unter den Manufcripten Rep. A. N°. 54. ad ann. 1512. In dem Zug*

nament die Eydgenoßen Lowys , Lugaris das
Meintal in , die Pünder das Veltlin.

Stumpf Schweitzer - Chronik, Buch
10. Cap. 7. damals (1512) haben auch die
Graubündtner, vermögend ihrer alten An-
ſprach, nach dem Veltlin gegriffen.

Rhan Eydgnöſsiſche Geſchichte,
Theil II. Buch 7. Cap. 21. da hat ſich das
Veltlin und die Grafſchaft Clefen an die
Bündtner ergeben.

Settlers Annales Nüchtländiſcher Ge-
ſchichten, Buch 9. pag. mihi 466. Hingegen
behulfen ſich auch die Bündtner dieſer Gelegenheit, und ſchlugen ihre Hand auf das Veltlin
und die Grafſchaft Clefen.

Waldkirch Eydgnöſsiſche Staats-
hiſtorie im erſten Theil ad ann. 1512. pag.
263. Die Graubündtner bedienten ſich auch
dieſer Gelegenheit, und nahmen die Grafſchaft
Clefen und das Veltlin zu ihren Händen.

Ferner beſtätigen dieſes die neuen Schriftſteller,
als: Tatti Annali Sacri di Como Lib. 7.
Decad. 3. § 101.

Burnet Reiſen durch die Schweitz und

Italien , §. *von den Graubündtnern* , pag. mihi 200.

Vatteville Hiſtoire de la Confédération Helvétique Liv. 9. pag. mihi 171.

Le Bret , *Fortſetzung der allgemeinen Welthiſtorie* , *Buch* 3. *Abſchnitt* 3. § 4856. *Lauffer Helvet. Geſchichte* , *Theil* 7. *B.* 3. p. m. 101. *Leu Schweizeriſch Lexicon* , *Theil* 9. pag. 156. *Und in den Anmerkungen über Simmlers Regiment lobl. Eydgnoſſenſchaft* Edit. 1722. 4°. pag. 311. *Anmerkung* 10. *May* Hiſtoire miliiaire de la Suiſſe , Tom. IV. Section 48. *und viel andere mehr.*

(43) *Benedictus Jovius* Comenſis in Hiſtoria Patria apud Grævium ad ann. 1512.

Per eos dies, Rhæti Tiranni & Petræ malæ arces receperunt ; ac Vulturenam ipſam cum Clavenna & univerſo Larii tractu Muſſium uſque , in poteſtatem redigerunt ; ſed arcem Clavennæ , cum inexpugnabilis , ſex menſium obſidione obtinuerunt ; aliunde Helvetii Luganum cum tota Valle cœperunt & arcem diutius fruſtra opugnaverunt , ac Balernæ

jurisdictionem finibus fuis addicta fimul Locarnum conditione, falva arce, occupave-
runt.

(44) *Francefco Ballarini* Compendio delle
Chronic. della Citta di Como. Parte prima,
Cap. 28. Per la qual cagione fecero li Francefi partenza da Como effendo nel viaggio
fuo fvaliggiati da Svizzeri e condotti prig-
gioni a Pavia, contro l'ordine del luoro generale. — Dall' altro Canto ufcendo li Griggioni fuori dei luoro Confini armatamente
occuparonno nell' ifteffo Tempo li Caftelli di
Tiranno e di Pietra mala della Valtellina abban-
donati dai Francefi e fottopofero alla luoro
Giurisdizione la detta Valle con Chiavenna
e fuo Contado infieme con le tre pievi Sup-
periori del Lago Lario cioe di Gravedonna,
di Dongo, e di Sorico fin a Muffo.

(45) Vid. Tom. III. Differtatione 5. N° 31.

(46) Vid. Quadrio *Ebendort. Haller Bibliothek
der Schweitzergefchicht, Theil* 4. § 848. *Leu,
Theil* 13. *Namen* Merli.

(47) Chronichetta fatta per me *Steffano di
Merlo* di una Parte delle Cofe occorfe in la

povera Lombardia, e precipue in valle di Valtellina cominciando dell' anno 1486. a pag.
mihi 8. Et vedendo il Revend. Epifcopo
di Coira con le tre Leghe de Griggioni andar
le Cofe, cofi, e pretendendone detto Epifcopo con le Soprafcripte Leghe di aver qualche Raggione in Valtellina cio'èche la detta
Valtellina antichamente doveva affere di St.
Maria de Coira, percio vennero fuora in Valtellina e la prefero tutta fin a Muffio e prefero
Chiavenna & quefto fu li 22. Giugno. Anno
1512.

(48) Lavizzari l. c. pag. 65. a 27. Guig. Gui-
rata fu a Griggioni la Fedelta dalla Valtellina per mezzo de Suoi Agenti nel Borgo
di Teglio.

(49) Vid. Quadrio Tom. I. Diff. 6. pag. 385,
Onde a 27. dell' detto Mefe fu giurata in Teglio da una gran Parte degli Oratori della
Valtellina ivi addunati Amicizia coi Griggioni)
(*eine neue Eydsform*) Gridandofi univerfal-
mente quafi per tutto: *Viva i Griggioni.*

(50) *So lauten die eigenen Worte des Ver-
faffers des Profpetto pag.* 64. Che Artuccio de

Capaul a nome de Griggioni abbia preceduto
a preftar un egual Giuramento di fedelta a
Valtellinefi per li Capitoli di confederazione
da concordarfi tra effi.

(51) Præire verba, eft certam verborum formu-
lam alicui dictare. Solebant enim veteres ad
execrationes vel devotiones hoftilis exercitus, & ad fœdera ferienda, fimilesque publi-
cos ritus peragendos, certam verborum for-
mulam habere conceptam, quod carmen vo-
cabant, à qua ne minima quidem fyllaba,
recedere licebat. — *Sic præire verba jusjurandi dicitur qui jusjurandi verba con-
cepit & juratori diflat.* Præire eft verba
præfari, & fubfequi eft dictata verba pro-
nuntiare. · Froben in Thefauro Linguæ La-
tinæ. *So fprach der heldenmüthige Decius* :
Deorum inquit ope, Valeri, opus eft, Age
dum Pontifex publicus populi Romani ; *præi
verba* quibus me pro Legionibus devoveam ;
Livius lib. 8. initio, idem de bello Mace-
donico Lib. 31. *Præeuntibus* execrabile carmen Sacerdotibus : — Plautus Rudent. act. 5.
fcen. 2. *Gr.* Per venerem hac jurandum eft

tibi. *La.* — quid jurem Gr. quod jubebo,
La — *Præi* verbis quod vis.

(52) *In der* Solida & neceſſaria confutatio ,
die im Jahr 1622 zu Hagenau gedruckt worden,
deren Verfaſſer unſer Sprecher war, wie es
Haller im 5ten Band § 888. *verſichert, ſteht*
pag. 1 und 2. Dicunt.... Vulturenos non fuiſſe
Rhætorum ſubditos ſed fœderatos , Rhætos
fuiſſe uſurpatores non legitimos Dominos ,
ſe quod ſuum eſt recuperaſſe; atque hoc
mendacium alio ſtabilire conantur mendacio
quum dicunt, hac de re inſtrumenta extare in
Archiviis. Datum negotium nonnullis e Ma-
giſtratu ut Archivia excuterent ſi forte tale
quid olim agitatum fuiſſet. Sed nihil ſimile
inventum. Dicant ſi poſſunt; Quando ince-
pit Vulturenorum libertas? Inde ab anno
1512. quo in Rhætorum venerunt poteſtatem
ſemper habuere præfectos à Rhætis miſſos.
Quod officialum Catalogi ſingularum præfectu-
rarum luculenter teſtatur. Num ſub Galliarum
Rege & Ducibus Mediolanenſibus liberi &
Rhætorum fœderati fuerunt? ad quod vero
Rhætorum fœdus ex tribus illi pertinuerunt?

aut num Vultureni quartum fœdus, quod nemo vel per fomnium unquam audivit confti-
tuerunt ? quos in Rhætorum comitiis habuerunt Legatos & Affefsores ? Quos Rhætorum
provinciis Clavennenfi , Plurienfi , Maiævil-
lenfi mifferunt Officiales ? Num & ipfi tanquam confœderati comprehenfi fœderibus ,
quæ Rhæti Cum Helvetiis , cum Galliarum
Regibus & aliis iniverunt &c. ?

(53) *Siehe den am Freytag vor Fronleichnam
im Jahr 1436. gefchloffenen Bundbrief des
zehen Gerichten Bunds ; den im Namen Ma-
lans Bartholome Ruk , und im Namen Mayenfeld Wilhelm Scharer gefiegelt haben.*

(54) L. 23. C. de probat. & L. 2. ff. eod. tit.

(55) *Die deutfche Ueberfetzung fteht in* Londorpio Suppleto & continuato *Theil* 2. pag.
mihi 350 *und* 351. *die franzöfifche im* Mercure François Tom. VI. ad ann. 1620. pag.
217.

(56) L. 2. ff. de fide Inftrument. L. 8. ff. Familiæ ercifcund. ibique Doctores.

(57) Authentica , fi quis in aliquo Cod. de
Edendo

Edendo, ex Novella 119. Cap. 3. Huber ad
Dig. Tit. de Edendo § 3 & 4. in nota.
(58) Vid. Cardinalium, Archiepiſcoporum, Epiſ-
coporum cæterorumque qui ex univerſis Regni
Provinciis Comitiis interfuerunt, ſententia
lata 13 Decembris anni 1625. In Londorpio
ſuppleto & continuato Parte 2. lib. 2. p. 672.
Ibique pag. 676. Quod ad Valletellinos ſpec-
tat. Valletellini à Rhætis, quorum dictioni
ſuberant, defecerunt; tamque nefariæ per-
duellionis in exterorum armis præſidium contra Dominos ſuos invenerunt. Rhæti pro ve-
teri ſocietate, quam tot ante ſeculis habent,
Regis Chriſtianiſſimi auxilium implorant; quid
æquius fuit quam ſociis, laborantibus, contra deſertores, opitulari? Cumque res eo
deveniſſet, ut neque conſcientiæ ſuæ nocere,
nec ei quem Parentis loco colit diſplicere
vellet; totius Regni omnium ordinum prima-
rios & e noſtris Comitiis delectos, non
magis in Regem fide, quam in fidem pietate,
conſpicuos, convocavit, ut quid de Valletelli-
nis agendum, ſalva conſcientia, videretur,
conſilium darent. Ibique ſtatutum fuit &

G

decretum : liberum & integrum effe Regi Chri-
ftianiffimo, imo debere, Sociis fuis atque
fœderatis (nempe Rhætis) contra rebelles
(id eft Valletellinos) auxilium ferre.

(59) Lavizzari memorie iftoriche Lib. 10. pag.
408. Le Raggioni della Rezia evidenti e con-
vallidate dal Poffefo di tanti Luftri , le luoro
(de Valtellini) ftudiate fu l'opportunita ed
appertura de fuccefi.

(60) Idem Lib. 1. in fin. pag. 66. Pretefero li
Valtellini d'effer ftati ricevuti quafi a parte
della Republica, piu con Ceremonie che
con Softanza di Vafallagio. Pretefero i Griggioni d'effer entrati con tutto il Dirito de
Duchi Milanefi ne d'aver altro Capitulato a
Sudditi fuorche la primiera Soggezione. E gli
un e gli altri contro del vero afferirono ciò
che favoriva la Vertenza degli Impegni.

(61) Vid. Quadrio Differtazioni Tom. I. Diff.
6. p. 391. & Tom. II. Diff. 4. pag. 257.

(62) Profpetto. pag. 66.

(63) L. 2. ff. de Probationibus. Ei incumbit
probatio qui dicit , non qui negat.

(64) Onde uno de Sogni infiniti di Roberto

Rufca Ciftercienfe apparifce, pazzo per amore
di gloria di fua Famiglia, che piu ftrafalcioni
accopiàndo fcriffe, Differtaz. Tom. I. Differt.
$. p. 133.
(65) Alefandro Ziliolo Iftorie memorabili de
fuoi Tempi Parte II. Lib. 7. pag. 184.
Lamentavanfi i Valtellini di molte Cofe parte
vere, parte o inventate o accrefciute per Guiftifi-
cazione propria come fi fa tra li homini ap-
pafionati e rifoluti ; le quali, come contene-
vano *Le Scritture divulgate*, fi riducevano a
quatro principali Capi, della Religione, della
vita, dell' honore, e della Roba, in ciafcuna
delle quali dicevano d'effere tirannegiati da
Grifoni luoro Signori. Haverfi i Grifoni contro ogni raggione e contro i Patti gia ftabi-
liti ufurpato l'intiero Dominio della Valle
poiche nella fcrittura di Dedizione, fatta al
Yefcovo ed alle tre Leghe era detto che i
Yaltellini s'intendeffero non Sudditti, ma Con-
federati della Republica, e partecipi anzi del
Çoverno publico infieme con effi, dovendo
intervenire alla Dieta luoro per ordine di
Terzieri e non dovendo effere obligati

ad obbedire fe non nelle cofe lecite ed ho-
nefte.

(66) Occuparono dunque quefti Popoli , come
ho detto cacciati che furano con l'armi de
Svizzeri i Francefi da Milano i Sudetti Luoghi l'anno fequente conofcendo non poter
mantenere quefti nuovi Aquifti fenza l'Aiuto
delli Steffi Popoli fi confederarono con Luoro
amettendogli alli Luoro Confegli Magiftrature
& a tutti gli altri honori e preheminenze
delle quali godevano gl'iftelli Griggioni. Mer-
curio di Vittorio Siri Tom. 2. Lib. 2. pag. 950.

(67) Ibid. pag. 994.

(68) Edition *von Frankfort von* 1695. *pag.*
584.

(69) *Er fagt eben dort* pag. 583. *die gemeine
drey Bünd haben von vielen Jahren her un-
difputierlich beherrfcht : die Graffchaft Clefen , das Land Veltlin und die Graffchaft
Worms* , welche Lande fich aber durch eine
abfcheuliche Rebellion und unchriftliche Mord-
that Ann. 1620. von ihrer natürlichen Obrig-
keit abgeworfen haben.

(70) *Ebendort* pag. 585.

(71) Tom. I. pag. 218. pag. 301. pag. 315. *und an andern Orten.*

(72) *Von pag.* 183. *bis* 216. *hatte der Verfaſ-ſer dieſer Zeitſchrift derſelben eine Ueberſet-zung der Apologie des Strafgerichts zu Tuſis einverleibt; nun fährt er pag.* 217. *fort:*

Qui ne verroit que ce que les Proteſtans ont écrit, n'entendroit qu'une partie. Il eſt donc raiſonnable de voir ce que le Manifeſte des Catholiques porte, & premièrement comme les Proteſtans avoient mis à la téte de leurs procédures l'accord fait par les Catholiques à Coire l'an 1617. avec l'Eſpagnol, pour Pièce juſtificative de la condamnation de ceux qu'ils ont criminellement traités. Auſſi à la tête du Manifeſte des Catholiques Yaltellins on avoit mis les Articles de leur union avec les Griſons; pour montrer que la Seigneurie qu'on prétendoit ſur eux étoit une pure uſurpation; *und nun folgt* le Manifeſte des Valtellins.

(73) Botero Relazione Lib. 1. Parte 1. § delli Griſoni Lib. 3. P. 1. § dello ſtato della Religione in Germania. Lib. 3. P. 1. § d'alcune

terre Eretiche confinanti con la Germania l'Italia e la Francia.

(74) Lettera di Paulo Odescalco al molto Reverendo Mr. Bartolomeo Salici dign. Arciprete di Sondrio e mio offervand. Scritta da Roma le 21. Feb. anno 1551.

Sigr. Arciprete mio honorando.

A doi voftre Lettere l'una di 28. di Genaro l'altra del' ultim. farò breve rifpofta per haver di conferir con voi Cofe di maggior importanza. Con effe voftre Lettere donque ho havuta la Bolla del Vergeri del Concilio quale fubito detti al Cardinale di Medici che la moftrafe al Papa, per il che quella Mattina non potendo parlar a fua Sta. pereffer travagliato per alcuni Novità di Parma, la dette al piu favorito Camariero del Papa che la Sera la monftrafe a noftro Sign. Il Papa l'hà vifta e poi mandola fubito ai Rived. Inquifitori & e tanto in colera con detto Vergeri che s'egli doveffe fpender mezzo il Papato lo vòlle ad ogni modo aver nelle mani e d'ordine di SSta, hieri il Cardinale di

Carpi, molto mio Padrone, mi mandò a chia
mar e poi l'havermi contato quello che ·fu
conclufo nella congregazione cioé di dar
Dilazione al Planta per tutto Marzo ad Con-
parendum perfonaliter in quefto Tempo, e non
comparendo poi in Tempo fi condanni da
fe ftefſo e non vi fia poi rimedio alcuno per
lui. I foi hanno allegato che e ftato Neve
e pioggia continua onde non ha potuto venir, per il che quefti Rived. Sono Stati sfor-
zati di concedergli quefto pocho Tempo ma
tutti mi dicono uno ore, che o venga o
non venga ad ogni modo fara, privato e
defpofto del Vefcovato e il Card. di Carpi
mi d[ſ]fe ch'egli giocarebbe il fuo Capello,
fiche cffo R. di Carpi & gli altri e maffime
li R. di San Jacomo altre volte Burgos e il
Card. Yerallo tutti amorevoli e affe[č]tionati
di V. S. vi pregano, vi fcongiurano e vi
commandano in virtute obedientiæ che
quanto piu prefto voi veniate a Roma, per-
che fenza fallo voi farete Vefcovo di Coira,
e tutti quefti Card. fonotanto ben difpofti

verfo di voi che vi vogliano aiutar anzi per forza quando voi non volefte farvi Yefcovo havendo, tante volte e da me e d'altri intefo *quanto voi fiete Catholico e defenfor della Chiefa Romana.* Siché S. Arciprete mio, poi il congratularmi con voi di quefto bone nove, vi prego vi eforto quanto piu prefto venir a Roma che quefti Signori defiderano tanto di vedervi & di raggionar con voi del Vergeri e con che modo fi potrebbe pigliar quefto ribaldo, ch'é una cofa granda, il Papa volle ch' ad ogni modo gli diate nelle Mani quefto Trifto e voi avrete da S. Sta., come mi diffe il Cardinale de Carpi, non folo il Vefcovato ma favori apprefo La Maefta dell' Imperatore e Rè de Romani e apprefo voftri Signori e cennomi che fe per mezzo voftro fi poteffe expurgar quel Paefe d'Heretici havrefte Capelli roffi. Di novo vi prego a non mancare di venire quanto piu prefto che fe foffe pofibile quefta Pafqua farebbe bene aceió che confeffandovi e comunicandovi moftrafte quanto fiete & in fatti & in Parole Catholico — — Nel refto a

voi e Mr. Vincenzo contutti i voſtri Signori
Fratelli e Parenti mi raccomando
Data e ſotoſcritta come ſopra.

(75) Vid. Quadrio Tom. III. Diſſertaz. 2. §. 26.
Giorgio nato della Chiariſſima Famiglia Salici
di Valtellina.
(76) Vid. Memorie iſtoriche pag. 404. in nota.
Deducebantur hæ allegationes ex publicis
Actis Conſiliorum vallis, receptis per Michae-
lem Panigonum & Joh. Ant. de Carugo, hiſce
annis citatis Vallistellinæ univerſæ Cancella-
rios.
(77) *In den Schlüſſen des Thalraths des Veltlins,*
ſo der Hr. Niclaus Paravicini aufgezeichnet hat,
findet man, daß die Acten und Imbreviaturen
des Michael Panigono von 1499 bis 1517 ehe-
mals in Handen des Hrn. Simon Subvia von
Pont waren, daß den 12 Jul. 1641. der Hr. Ber-
nard Piaz von Pont demſelben ſubrogiert wor-
den. Dermalen befinden ſie ſich laut dem im
Pallaſt zu Sonders aufbewahrten authentiſchen
Notaren-Protocoll unter der Aufſicht des Hrn.
Peter Maria Ferrari zu Ponte.

(78) L. 2. ff. de fide inftrumentorum.

(79) Vid. Teuttler Difputat. felect. editis ab Hunnio vol. poft. Difp. 5. Thef. 5. Quæft. 14.

(80) *Hier ift er* per extenfum; *denn er ift es werth, ganz gelefen zu werden.*

.   Illuftriff. Sign. Miniftro
         Pne. Colmo.

L'avevo gia intefo altronde che l'autor ano-nymo del *Profpetto* m'aveffe ufata la buona grazia di mettermi in fcena onde mi fon fatto premura d'averne una ftampa che tengo attual-mente fott' Occhio.

La Copia dei 5 Capitoli del 1513. che quel Autor alla pag. 66. dice da me trafmefa al Nob. Signr. Dr. Bernardo Torelli di chiara memoria edi cui V. S. Illma. mi domanda informazione e un fatto di 20 e piu anni in qua del quale io affolutamente non ho piu memoria, mà che cio nulla obftante puo be-niffimo effer vero, mentre fò d'aver con quel Signore avuto carteggio.

Quello però, che non poffo nè devo me-nar buono all' Autore é la francheza con cui afferifce eftratta da me quella copia dal Protocollo. V. S. Illuftriff. fa, chè li Protocolli di tal natura quand' efiftefero fi confervarebbe negli Archivi della Republica e non del Monaftero di Difentis al cui Abbate per quanta influenza poffa avere nelle publiche Deliberazioni non fi accordarebbe giamai tal prerogativa di lafciare in fua Cuftodia. o in fuo Arbitrio tai Monumenti.—

Quel Protocollo adonque e una aggionta liberale dell' Autor medemmo. La quale per altro non mi forprende, mentre anche in altri Luoghi dell' Opera lo trovo e poco efatto nelle citazioni è molto meno poi fcrupulofo nell' ufo che fa degli Autori e dei Documenti con un Tuono di Franchiggià che fembra proferir Oracoli quando dice il maggior fpropofitò.

Di tal natura è ciò che foggionge alla pag. 67. della Sollecitudine dell' Abbate di quei Tempi per confervar regiftrati a perpetua memoria quegli Articoli : E una Carricatura infulfa che non ha fondamento alcuno; chè s'effiftefse veramente in quel Archivio il

milantato Regiſtro, io che in 21. anni di Governo ho avuto occaſione di iſvolgerlo piu
d'una volta ſenza d'ubbio che l'avrei ritrovato e ſe ritrovato L'aveſi certamente che
non ne avrei fatto Miſtero, e non ne farei
neppure oggidi ſe aſſentir poteſſi all' Autore
come ſono obligato a contradirgli. —   -
Daddove poi io poſſa aver deſonta quella
Copia io non lo ſaprei con ſicurezza conget-
turare; probabile però mi ſembra e naturale
aſſai che l'abbia ricavata da una Racolta miſ-
cellanea di ſcritture copiate in diverſi volumi,
che in quella Abbazia ſi conſervano e che
in parti ſono diſtinte cioe Parte I. - Parte II.
onde nella citazione che ne fà l'Autore mi
naſce il dubio che in vece di quel pagina
debba forſe dirſi piu toſto Parte II.

Comonque ſiaſi però la Collezione e motto
poſteriore all'Epoca dei 5. Capitoli e poi non
ſono che copie finalmente e Copie che non
fanno autorità alcuna. Io ne ho vedute di-
verſe e ne conſervo ancor una nei miei ſcritti
ma quella che poſſa dirſi veramente Copia
authentica e che m'abbia potuto ſoddisfare

fu di tal Propofito non mi e riufcito mai di ri trovarla, quantonque nei Tempi paffati abbia ufata qualche diligenza.

Quefto e quel tutto che poffo a V. S. Illuftr. dire fu quefto Punto intorno al quale potrei forfe dargli maggior *chiarezza* fe fofi ful Luogo ma ormai aggradira quel tanto che gliene ho potuto dire & affermandomi con vero Offequio fono — —

Di V. S. Illuftr.

                              fottof. divotiff. obligatiff.
Rofaco li 15. Oct.   Servidore
        1791.   COLOMBANO Abbate.

(81) Stat. Civil. cap. 25. Delli Tranfonti (id eft Exemplum vel Copia authentica ; vid. Carpan. ad Stat. 399. Menoch. Lib. 8. Confil. 732. Mafcard. Vol. 2. Concluf. 711. N.º 1.) che sha da fare. E anco ftatuito che li Tranfonti fe poffano fare e vaglieno avanti a duoi delli Confoli della Giuridizione, nella quale ferà domandato che fi faccia il Tranfonto purche v' intervengano anchora duoi Nodari di quella medema Giuridizione. Et di poi fi prefta

Fede al Tranfonto nel modo che fi prefta all'
Originale purche abbia la fofcritione d'effi
quatro cioé e Confuli e Nodari, delli quali é
detto di fopra metendoli in effa fofcrizione
L'Anno il Mefe & il Giorno di la fofcrizione
e col fegno di loro e ciafchuno di loro.

(82) Et hoc fecundùm formam Statutorum ac
Ordinationum Communis Cumarum quæ fer-
vantur in Valletellina, *heißt es in einem Inftrument* , *fo* Vicentius q^m Mathei della
Foppa *d. 13. Aug. 1515. und in einem andern,
fo der nämliche den 23. Jenner 1516. ausgefer-
tiget hat.*

(83) Vid. Carpan. ad Stat. Med. ad Cap. 399
& 397.

(84) L. 10. ff. de Teftibus. Nullus idoneus
teftis in re fua intelligitur. L. 10. C. eod.
omnibus in re propria dicendi teftimonium,
facultatem jura fubmovent.

(85) Teutler. Difp. felect. Volum. poft. Difp.
5. Thef. 8. Quæft. 45.

(86) Marci Cap. 14. v. 56 — 59.

(87) Deuteron. Cap. 17. v. 6. Ev. Joh. Cap. 5.
v. 31. L. 10. ff. & L. 10. C. de Teftibus.

(88) Vid. Inſtrumentum Sindicatus rogatum per Artuchinum qᵐ Petri de Caſtello S. Nazarri die 6. Jul. 1512. & ibid. Ducatos &c. dandos per Commune & Homines Morbegni Dominis Capitaneis Trium Ligarum Grizonorum pro ſubventione Talionis per eos impoſiti in tota Valletellina.

(89) Vid. Inſtrument. Confeſſionis rogat. per ſupraſ. Notarium, die 29. Jul. 1512.

Faƈtum per Dm. Bartholomeum de la Stampa Poteſtatem Morbegni nomine Dominorum trium Ligharum Communi et Hominibus Coxii pro florenis tercentum quadraginta oƈto pro completa ſolutione eorum partis Taliæ impoſitæ in tota Squadra Morbegni per diƈtos Dom. Dom. trium Ligharum iſtis diebus proxime præteritis.

(90) Vid. Inſtrumenta rogata per Dom. Artuchinum de Caſtello, diebus prædiƈtis, ubi paſſim ſpeƈtab. Dom. Bartholomeus de la Stampa de Vicoſoprano Morbenii Poteſtas.

(91) Vid. Litteras Commiſſariorum Reverendiſſ. Dom. Epiſcopi Curienſis & Dominorum Trium Ligar. conceſſæ noſtris charis hominibus &

Communitati Burmii 8. Auguſt. 1513. quæ ſer-
vantur in Archivo Burmii , ubi legitur :
Mandantes inſuper omnibus & ſingulis Officialibus *noſtris* per Totam Valletellinam &
præcipue Capitaneo · *Noſtro* ipſius Vallistellinæ
ſub pœna privationis ſuorum officiorum & pro
quanto gratiam noſtram chari pendunt &c.

(92) Vid. Sententiam latam per Magnif. Dom.
Simonem de Quadrio Morbegni Poteſtatem ac
Judicem Maleficorum pro Reverendiſſ. Dom.
Epiſcopo Curienſi & Magnificis tribus Lighis,
rogat. per Dom. Artuchinum de Caſtello, die
9, Maji 1514.

Aliam Sententiam latam & rogatam ut ſupra
die 18. Jun. 1514.

Alias latas & rogatas ut ſupra diebus 2. Jul.
& 6. Auguſti.

Aliam Sententiam latam per eundem Qua-
drium , ſpecialiter delegatum per Dominos
Epiſcopum & Oratores Trium Ligharum per
Litteras dominicales datas die 23. Maji 1514.
per quas præcipitur dicto Simoni de Quadrio
cauſam decidendi & determinandi ſummarie,
ſub pœna privationis ſui Officii & Ducatorum
centum

centum auri ; rogatam ut fupra dìe 11. Augufti 1514.

(93) Vid. Sententiam definitivam latam per Magnif. Dom. Simonem de Quadrio, Morbegni &c. Poteftatem ac Judicem maleficiorum pro Reverendiff. DD. Epifcopo Curienfi & Magnificis tribus Ligis, die 23. Jun. 1514. rogatam ab Artuchino de Caftello. S. N.

(94) Vid. Inftrum. Confil. Squadræ Morbinii, dic 19. Febr., & Communitatis Ardennii, die 23. Febr. ann. 1513. rogat. ab Artuchino de Caftello. S. N. ibique in utroque — ad comparendum in Confilio , feu Dieta fienda de proximo in Civitate Curienfi ; *und weiter.unten,* & ad faciendum & deliberandum Capitula cum D. Epifcopo & Hominibus trium Ligharum. *Ferner das* Privilegium conceffum Burmienfibus die 7. Febr. 1513.

(95) Vid. Notat. per D. Joh. Anton. Carugo 1514. Indiet. 2. die Lunæ 20. menfis Mart. quod incipit fpectab. & generofus Vir D. Andreas Carbonnera, Poteftas Tirani & pertinentiarum. Et in fine : Actum Tirani in Strata publica prope domos fitos in corpore folitæ

H

arcis Tirani , ubi eft refidentia dicti Dom.
Poteftatis.

(96) Teftis in uno verus, in alio falfus, in omni-
bus præfumitur falfus. Mafcard. de Probat.
Vol. 2. Concluf. 1042. N°. 9. ibique citat.
DD. *verglichen mit* Brunneman ad Cod.
Tit. de Tranfact. L. Si in falfis N°. 5. ubi—
Neque enim inter Teftimonia falfa & Inftru-
menta falfa fufficiens differentiæ ratio oftendi
poteft.

(97). Vid. Inftr. rogat. ab Artuchino de Caftello
S. N. 10. Jan. 1515. ubi contentus &c. Se
recepiffe nomine Communis & Hominum Mor-
bini libras centum fexaginta Imperiales & hoc
pro completa folutione — eorum ratæ partis
compofitionis fpectantis — Dnis. Trium Ligarum nunc proxime præteriti millefimi, quin-
gentefimi decimi quarti illorum Florenorum
mille Rhenenfium qui folvuntur præfatis Dominis omni anno per omnia Communia totius
Vallistellinæ : Et in fine, Libras quinquaginta
Imperiales item pro completa folutione totius ejus, quod præfatus Dominus Capitaneus
à dictis Communi & Hominibus Morbinii

petere poſſet occaſione dictæ compoſitionis, de qua ſupra.

(98) L. 6. ff. ad Senatufconfult. Turpilianum.

(99) Vid. Acta Joh. Ant. de Carugo ab anno 1523 ad annum 1550, & præcipue Acta Conſilii habiti die 25. Aprilis 1523, ubi inter cætera — & dum vellent ipſi Commiſſarii ad ea procedere, dicti Homines de Tilio & Exempti recurſum habuerunt ad prædictos Dominos noſtros, multa mendacia coram eis exponentes, ut ipſi tunc Domini ordinaverunt ipſos de Telio & exemptos non teneri facere dictum eorum extimum cum dictis aliisVallistellinæ &c.

(100) Vid. Inſtrum. miſſus. rogat. per Artuchinum de Caſtello, die 27. Maji 1519. In quo Sindici Communis Morbegni & Conſules omnium Communitatum Squadræ Morbegni fecerunt ſuum & dictorum Hominum & Communium Miſſum Ser. Vincentium de Boninis, habitatorem Morbegni, ad comparendum & ſe præſentandum in proximiori Dieta fienda in Civitate Curiæ ſeu &c. coram Magnif. Dominis Oratoribus Magnificarum Trium Ligharum ———— ———— ———— ————

ad petendum à Præfatis Dom. Oratoribus utfupra
quatenus dignentur & velint per fuas Litteras confirmare omnia & quæcumque Capitula
dictis Communibus & Hominibus conceffa alias
tempore aprenfionis totius Vallistellinæ, per
præfatos Dominos Magnificos Trium Ligarum,
& præftiti debiti juramenti *Fidelitatis* per
dictos Communia & Homines, confirmare &c.

(101) *Man fehe die Beylage* Lit. BB.

(102) Vid. Lavizzari Memorie iftoriche Lib. 3.
pag. 107, 108. *und* Lib. 10. pag. 408.

(103) Vid. Profpetto, pag. 120 & feq.

(104) *Vermittelft dem von dem damaligen Bun-
destag auf Davos feftgefetzten Duldungs-
Decret; fiehe hievon* Campell Commentario de
Rhætia Lib. pofteriori, Cap. 60. A Porta
Hiftoria Reformationis, Lib. 2. C. 2. pag. 49.

(105) *Siehe oben Anmerkung Nro.* 88.

(106) *Siehe obige Anmerkung Nro.* 89.

(107) Vid. Inftr. rogatum ab eod. d. 28 Jul.
1512. & fuprafcriptum Inftr. Item Inftr. rogatum ab eod. d. 7 Aug. 1512.

(108) Vid. Litteras dominicales datas die 29 Jul.
1512. infertas Inftr. rog. ab eod. d. 11 Aug. 1514.

(109) Vid. Inftr. rogat. ab eod. d. 11 Oct. 1512.

(110) Vid. Decretum latum per Paulum, D. G. Epifcop. Curienf. & Oratores omnium trium Ligarum , attenta Supplicatione per Nuntios Communitatis Burmii oblata. Datum in Ilanz d. 7 Febr. ann. D. 1513. Proftat in Archivo Communit. Burmii & in Libro Privilegiorum pag. 57.

(111) Vid. Decretum Pauli, D. G. Epifc. Curienfis & Oratorum omnium trium Ligarum, decernens, quod Hæredes qᵐ D. Marchixini Stange non moleftent nec moleftari permittant Homines de Colego quoufque per nps aut noftros Cqmmiffarios illuc mittendos aliud ordinatum fuerit. Infertum per extenfum in fuprafcripta Sententia rogata ab Artuchino de Caftello, d. 11 Aug. 1514.

(112) *Siehe den Brief, welchen gedachte Herren Delegirte den 3 Merz 1513. von Tyran aus an die Vorgefetzten zu Worms gefchrieben , deffen Original fich im Archif zu Worms befindet.*

(113) Vid. Chronichetta di Steffano ‑ del Merlo all' ann. 1512 e 1513. — Nota anchora che

come li Griggioni hebbero prefo la Valle di
Valtellina cioe l'anno 1512. volfero da noi di
Valtellina dieci milla fiorini de Rheno per la
fua prefa per non avere facheggiata effa valle.
Poi l'anno 1513. del mefe di Marzo detti Griggioni hanno fatto pagare detta Valtellina fiorini mille per caufa della noftra parte della
fpefa in far ftar 300 perfone per mefi 5. a
Chiavenna per affediar li Francefi che erano
nel Caftello di Chiavenna quali alla fine furano coftretti renderfi per caufa della Legna
— — — Effo 1513 del mefe di Aprile
furono diftrutte le Fortezze di Valtellina cioe
li' Caftelli di Tirano, Piatta mala, Trifivio &
la Torre di Ologno, e furono diftrutti per li
Griggioni *Signoreggiando effi la Valtellina.*

(114) Vid. Quadrio, Tom. I. p. 386.

(115) Vid. dictum Decretum datum Tirani die
Lunæ 8 Aug. 1513, munitum figillis Domus-
Dei, Ligæ Grifæ & octo Jurisdictionum, in
cera flava, exiftens in Archivo Burmii & in
Libro Privilegiorum, ubi

Nos Hertengüs de Capaul, Johannes Maruk,
Jacobus Dish, Commiffarii, nomine Reveren-

diffimi Domini Epifcopi Curienfi & Dominorum trium Ligharum &c.

Inter cetera — Statuimus, volumus & or-
dinamus, ac declaramus, quod Homines &
Commune Burmii non cogantur ad folvendum
datia aliqua ad poftam Glerae (Chiuro) ——
poftae novae Datiorum ne erigantur inhiben-
tes, erectas quoque praefentibus annullantes,
& hoc donec & quoufque per Confilium generale praefati reverendiffimi & omnium trium
Ligarum aliud defuper ordinatum fuerit; mandantes infuper omnibus & fingulis Officialibus
noftris, per totam Vallemtellinam & praecipue
Capitaneo noftro, fub poena privationis fuo-
rum officiorum & per quantum gratiam noftram chari pendunt ut — — — has noftras obfervent, & ab omnibus obfervari in-
violabiliter faciant &c.

(116) Vid. dictas Sententias allegatas N°. 92.

(117) Vid. dictum Decretum Pauli D. Gr. Epifcopi Curienfis & Oratorum trium Ligarum,
quo praecipitur Praetori Morbegni, fub poena
privationis officii & Rhenenfium centum, difi-
niendi caufam quandam civilem *quanto celerius*

fieri poteſt non obſtante aliquo temporis lapſu.
Datum in Ilans, ſub ſigillo Ligæ Griſæ, die
23 Maji 1514.

(118) Vid. Sententiam prolatam a ſpectab. D.
Simone Quadrio, Morbegni Poteſtati & Delegati nomine Reverendiſſ. D. Epiſcopi Cur. &
DD. trium Ligarum, traditam per D. Artuchin
de Caſtello d. 11. Aug. 1514. Citatio emiſſa
a ſupraſcripto in executionem & virtute Lit-
terarum Reverendiſſ. DD. Epiſcopi Curienſis
& Oratorum trium Ligarum, d. 11. Jul. 1514.

(119) Vid. Inſtrum. rogat. per Joh. Thomam
de Canobio, die 25 Mart. 1505.

(120) Vid. Bullam Leonis X. Papæ, datam
Romæ apud S. Petrum A. 1513. Cal. Auguſt.

(121) Vid. Privilegium Nundinarum, datum
1514. die 18 Jun.

Quo — Rodulphus de Marmore, Hercli de
Capaul, Johannes Lantritt de Trono, Conrad
Fichar de Tava, omnes Commiſſarii Rev. DD.
Epiſcopi Curienſis & Magnific. trium Ligarum,
exiſtentes in Loco Fabrichæ glorioſæ Virginis
Mariæ de la Sanitate de Tirano — concedunt
ipſi Fabrichæ ad requiſitionem Communitatis

. Tirani Patronæ prælibatæ Fabrichæ, Privilegium Nundinarum fingulo anno per dies 9,
nempe per dies quatuor ante feftum Sancti
Michaelis, & totidem poft, quæ Nundinæ
debeant effe Franchæ, tutæ & liberæ — —
Mandantes, Capitaneis, Prætoribus, Vicariis
& Jusdicentibus prælibati R. DD. & prædicta-
rum trium Ligarum quatenus has noftras Litteras obfervent, pro quanto gratiam præd.
R. DD. & præd. trium Ligarum cari pendunt:
proftat in Archivo Ecclefiæ prædictæ & in Libro Privilegiorum, pag. 710.

Siehe ferners hievon Lavizzari pag. penult.

Giufeppe Maria Quadrio Storia memorabile
della prodigiofa apparizione di Maria SSma.
Cap. 7. ove fi legge:

Nell' anno per tanto 1514. nel quale era di
già paffata la Valtellina fotto il Dominio de
Sign. Griggioni furono dall' eccelfa Superiorità
graziofamente ricevute le fupliche de Tiranefi
e decretato a favor, lo ftabilimento delle
Fiere da effi richiefto, cofi che per parte del
Vefcovo di Coira e dell' Eccelfe tre Leghe
vennero fpediti li Commiffarii con l'Autorità

di dar cominciamento a tal opra e rilaſciar e le
Franchiggie alle Mercancie, durevoli per nove
Giorni avanti la feſta dell' Arcangelo S. Mi-
chele, e per Giorni quatro doppo la mede-
ſima.

(122) Vid. Steffano Merlo nella ſudita Croni-
chetta ad annum. Memoria come l'anno 1515.
il Terzero di ſoprà e il Terzero di mezzo e
la maggior parte del Terzero di Sotto furono
in Lite con l'erede di Donato Carcano e ſuoi
Conſorti per la Pechera fatta per mezzo Dalebbio ſopra l'Adda, e con Dom. Benedetto,
Vicedomini &c. di Trahona per l'altra Peſchera per mezzo Morbegno : onde finalmente
fu ordinato per li Sign. delle tre Leghe, che
dette Peſchere foſſero aperte nel mezzo per
Brazza 15. altrimenti la Valle andaſſe a rom-
perle a ſue ſpeſe — — — Finalmente la
ſopraſcritta Peſchera fu disfatta adi 25 Gen°.
1515. & a di 26 e 27 del ſopraſcritto Genaro
fu disfatta quella di Dalebbio.

(123) Vid. Inſtrum. rogatum per Dom. Artuchin de Caſtello ann. 1515. penult. menſis
Januar.

(124) Vid. Litteras credentiales D. Rodulphi a Marmore, datas d. 27 Mart. 1515. per extenſum in Appendice Lit. U.

(125) Vedi la Sentenza proferita degli Illuſtriſſ. Sign. Delegati nelle Cauſe delle Peſchiere rogata del Sign. Eugenio fqm. Sr. Battiſta Chieſa abitante in Sondrio li 23 Febr. 1609. ove ſi legge : —

Eſſendo altre volte per il già Illuſtriſſ. Sign. Rodolfo Marmorera, Governatore e Capitano di Valtellina ed altri Magnifici Signori Commiſſarii delegati dell' Illuſtriſſ. Sign. noſtri dell' Eccelſe tre Leghe foſſe fatta una Sentenza per occaſione delle Peſchere le quali allora ſi ritrovavano ſopra il fiume Adda, una Sotto al Ponte chiamato il Ponte di Ganda e l'altra Sotto il Loco d'Allebbio — — — come piu ampiamente appare alla detta Sentenzia come ſi dice rogata per il Sr. Marco del Piazzo allora Cancell. del predetto Illuſtriſſ. Signore Capitano e Governatore l'anno 1515. li 23 del meſe d'Aprile alle quali s'habbi relatione.

(126) Vid. Bened. Jovii Hiſtoriam Patriæ ad ann. 1515. Steffano Merlo Chronichetta ove ſi legge :

Nota come il foprafcritto Anno (1515)
Signoreggiandoli Griggioni la valle furano cer-
te di Trahonna che gridarano *Francia Francia*
e guaftarono l'infegna dei Griggioni qual era
all' ora fopra la Piazza. Detti Griggioni ve-
nero fuori a Trahonna & a Cafpano. Li fu
fatto facheggiamento e prigioni che fu una
compaffione; & oltre i facheggiamenti la fqua-
dra di Trahonna bifognó pagar tre milla Fiorini di Reno oltre molte perfone di Cafpano
e Trahonna quali furono bandite.

(127) Steffano Merlo, l. c.

Ancora nota come a 27 Novembre 1515.
ftando il Campo dei Griggioni a Gravedonna
contra a Francefi, fi deliberarono metter un
Taglion nella noftra Valle, e vennero molti
Capitani de Griggioni a Sondrio e fecero do-
mandar il Configlio di tutta la Valtellina;
congregato che fu il Configlio domandorono
tre milla Fiorini di Rheno a tutta la Valle.
Onde gli huomini di Valtellina fecero Configlio di non pagar niente. Imperoche che tal
Dimanda era contra raggione; e cofi li fu rifpo-
fto di non voler pagare. Detti dunque fi

partirono motto fcorrucciati, minacciando di
far pagarli per forza. Onde parve agli huomini della Valle di defenderfi fe da Todefchi foffe lor fatta Supergeria, & intendendo
che il Campo de Griggioni veniva per far pagar per forza, tutti gli huomini della Valle
deliberarono di defenderfi ; & intanto gli
huomini del Terzero di mezzo cominciarono
andare all' oftacolo credendo che quelli del
Terzero doveffero venire, come havevano pro-
meffo, ne però mai vennero. E cofi ancora
quelli dal Terzero di Sotto s'accordorono Senza noftra licenza. Onde il Terzero di mezzo,
ftette in gran pericolo d'effer abbrucciato e
facheggiato. Fu fatto un poco di Scaramuccia
al Ponte di S. Pietro dove furono morti due
Todefchi, ma fu forza alli huomini del Terzero
ritirarfi per che non veniva Soccorfo. Intanto
detti Todefchi vennero a Sondrio adi 4 Dec.
1515. con gran rumore in modo che fugirono
tutti gli huomini della Terra eccetto Mr. Ba-
tifta da Cafpano, e Mr. Gio. Andrea del Merlo,
Mr. Gio. Antonio Vitani, Mr. Antonio Pu-
fterla, & io Steffano del Merlo, al fine fu

forza al Comune di Sondrio pagare venti due
milla Reinefi Senza le altre fpefe, e precipue
che il Campo ftette qui in Sondrio giorni tre
e le altre Comunita di Valtellina vennero a
componerfe eli bifognò ancora ad effi pagar grandi danari, precipue Ponte.

(128) *Der gleiche* del Merlo, *ebendort:*

Poi detti Francefi fecero pagar a Domafo ed a
Gravedonna Ducati 1200, ma li Sign. delle tre
Leghe quali *Signoreggiavano da Dongo fino a
Bormio*, vedendo che li Francefi infieme con
quelli del Laco avevano abbrucciate detta
Terra fi moffero con perfone tre milla ed an-
darano da Cereno fino Bellano ed abbruccia-
rono Cereno con molte altre Terre fopra la
Montagna de Introzzo.

Siehe ferner

Inftrum. Confilii Squadræ Morbegni, rogat. a
D. Gabrielle dell' Ulmo, d. 23 Octob. 1516,
ibique:

Convocato & congregato Confilio generali
Confulum & Agentium ac Sindicorum Communium & Hominum Univerfitatis totius Squadræ Morbegni — Mandato & impofitione

fpectabilis D. Bartholomæi de la Stampa,
Poteftatis Morbegni & pertinentiarum fuarum
pro R. DD. Epifcopo Curienfi, & Magnif. Dominis trium Ligarum, per Litteras Officii fui &
præcipue pro intereffe præfatorum DD. trium
Ligarum & Vallistellinæ — — — ubi primo
Confulibus & Hominibus impofitum fuit po-
nendi cuftodias competentes & validas ex
Hominibus armatis in loco della Salicciata &
della Scalotta. Item, omnes Homines aptos
ad arma confcribendi. Item, eligendi Capitaneum unum e quolibet Communi, & duos
Commiffarios ex tota Jurifdictione, qui Commiffarii electi fuerunt ibi ftatim, & ad juffum
& delationem dicti M. D. Poteftatis corpora-
liter tactis fcripturis juramentum præftiterunt.
Item, præfatus D. Poteftas in facie ibidem
præcepit & injunxit dictis Confulibus & Agentibus prout fupra, fub pœna Ducatorum quinquaginta Cameræ R. DD. Epifcopi & Magnif.
trium Ligarum applic., quod non fit aliqua
perfona quæ audeat recedere ex Valtellina &
Territorio præfat. DD. trium Ligarum fine
fpeciali licentia.

(129) *Siehe den Beſtellbrief des Hrn. Landeshauptmann* Joh. Travers , *vom* 12 *Merz* 1517 , *welcher alſo anfängt :*

- Nos Oratores R. DD. Epiſcopi Curienſis & M. trium Ligarum nuperrime congregati in publica Dieta habita in Terra noſtra Ilanz. Providere volentes circa Officium Capitaneatus noſtræ Vallistellinæ &c. attentaque probitate, fide, integritate, legalitate, peritia ac rerum experientia, dilecti noſtri Johannis Travers ex Confœderatis noſtris — Propterea⸱ eundem *Johannem Travers* in ipſius Vallistellinæ Capitaneum conſtituimus ac deputamus cum mero & mixto imperio ac gladii poteſtate, cum facultate deputandi — quoscunque, Locum-tenentes, *Vicarios*, & alios Officiales circa Officium neceſſarios ad ejus liberam voluntatem. Et hoc cum omnibus præeminentiis, prærogativis, emolumentis, honoribus, ſalariis, conventionibus, retentionibus & aliis dicto officio ſpectantibus & ſolitis. Et cum facultate & onere exigendi quæcumque Datia, Pedagia, Thelonea per vallem prædictam , debita & ſolita tempore aliorum

Domi-

Dominorum. Et qui nomine noſtro poſſit &
valeat gratiam ac miſericordiam impartiri ac
ſi noſmet concederemus ac impartiremur.
Mandantes &c.

Ferners : Inſtrum. rogat. ab Artuchino de
Caſtello, S. A. d. 22 Jun. 1517; & alium rogat. ab eodem, d. 29 Jun. dicti; ex quibus
liquet M. D. Jacobum de Caſtromuro tunc
fuiſſe Prætorem Morbegni.

(130) Vid. Privilegium conceſſum ab Oratoribus Rever. DD. Epiſcopi & trium Ligarum,
Communi & Hominibus Vallis Clavennæ, dat.
Curiæ d. 6 Maji 1517. Adeſt in Archivo Communitatis Clavennæ, & in Libro Privilegiorum,
pag. 357. —

(131) Vid. Inſtrum. Depoſiti, rogat. a D. Artuchino de Caſtello, d. 29 Jun. 1517; ex quo
conſtat totam Vallemtellinam fuiſſe a DD. Trium
Ligarum condemnatam ad dandum D. Paulo
de Caſtromuro florenos duocentum occaſione
Stipendii.

(132) Vid. in Pro-Cauſa Joh. Antonii de Carugo, d. 30 Jul. 1517. Commandamento del
M. D. Joh. Travierſo, honorando Capitaneo

I

della Valtelllina, Executore delegato per lo
R. Monſignore di Coira e gli altri Magnifici
Signori delle tre Leghe per Lettere date li
primo Luglio, ſcripte in la Citate Curienſe.

Ibidem, ſub dato 13 Aug. ſpectab. & ſa-
piens D. Rodulphus de Præpoſitis Vicarius,
Locumtenens, Delegatus Subdelegatus Magn.
DD. Trium Ligarum, per Litteras datas die
18 menſis Jul. —

(133) Vid. Sindicatus Squadræ Morbegni, rogat. a Franciſco de Raimondis, d. 2 Sept.
1518; in quo de Mandato D. Capitanei Vallistellinæ, Communitatibus & Hominibus totius vallis percipitur: ut faciant Capitaneum
unum pro quolibet Commune, & ſtent pro-
viſi cum eorum armis pro defenſione Status,
ſub pœna rebellionis.

(134) Vid. in Pro-Cauſa Joh. Ant. de Carugo,
ſub d. 4 Dec. 1518. Conſtitutionem Curatoris
prodigi factam per M. D. Joh. Travers, Vallistellinæ Capitaneum, juſſu Commiſſariorum
M. DD. Epiſcopi & M. Trium Ligarum.

(135) in eod. Pro-Cauſa, d. 4 & 6 Dec. 1518,
& ex Origin. Litter. dominic- d- 16 Dec. an. d.

(136) Vid. in Pro-Caufa Joh. Ant. de Carugo, fub d. 9 Febr. 1519, Decretum Oratorum Epifcop. Cur. & trium Ligar. in Dieta in Taf-fas, ordinans executionem Sententiæ latæ per Commiffarios, favore Simeonis Luatti & Fil. fuo-rum fub d. 19 Febr. 1519. ibid. Magnif. D. Joh. Travers, Capitaneus Vallistellinæ, Delegatus in Caufa civili. Et fub d. 26 Febr. anni dicti. Idem, cum D. Rudolpho de Præpofitis ejus Vicario, Gilberto de Caftromuro, Minifteriali Hilario de Saffam, Minifteriali de Lantfch, Commiffarii delegati per Magn. DD. Orato-res trium Ligarum vocantur.

(137) Vid. Proclama quod extat in Abbrevia-turis Joh. de Puteo, Notarii Trahonæ, d. 27 Jul. 1519, quo D. Joh. Donat. ab Alvonovo, Prætor Trahonæ, jubet quod fummo mané prompti fint — 140 Homines cum fuis fclo-petis in fubfidium Eccelf. trium Ligarum.

(138) Vid. Authograph. fubfcriptum a D. Aloifio Lamberthengo confeffionis, folutionis Libr. 110 nomine tertierii de medio, in quibus Com-munia fuerunt condemnata per M. DD. Com-miffarios Magnif. trium Ligarum.

I 2

(139) Vid. in Pro-Caufa Joh- Ant. de Carugo,
Decreta lata d. 10 Apr. & 26 atque 30 Aprilis
1521; & Decretum Dietæ, latum in Taffas
11 Aprilis d. anni.

(140) Vid. Memoriale porrectum die 11 Apr.
1512, cum Decreto originali, figillo Landam-
manni Communis in Taffas munito.

(141) Vid. Acta Confilii Vallistellinæ regiftrata
à D. Joh. Ant. de Carugo, dieb. 24 Apr. 1522,
& 21 Apr. 1523, ibique — Infuper etiam
præd. Magnif. D. Capitaneus propofuit & di-
xit, quod alias D. trium Ligarum ordinaverunt per plures ordinationes Extimum totius
Vallistellinæ refici debere, propterea petit &
mandat dictis D. Comparentibus, quibus fupra, quod hinc ad duodecim dies proxime fu-
turos velint & debeant principium dediffe
dictæ Eftimi refectioni aliter intendit contra
ipfos procedere ad pœnas & mulctas limita-
tas per prædictos Dominos.

(142) Vid. Acta fuprafcripta ab anno 1522
ufque ad annum 1551.

(143) Ibid. fub d. 18 Maji 1531. — Infuper
etiam prædictus Magnif. Dom. Johannes ex

commiffione Magn. DD. trium Ligarum & ex commiffione præd. DD. Commiffariorum, qui de proximo venturi funt, propofuit & mandavit prædictis D. Comparentibus pro Terziero de medio præfentibus audientibus, quatenus fub pæna fcutor quinquaginta auri C. D. applicandorum, & fub pœna rebellionis velint & debeant in termino dierum duorum proximorum poft Adventum, præfatorum DD. Commiffariorum in fcriptis portaffe omnia ficta & alia quæcunque quæ exiguntur in quolibet communi, per forenfes.

(144) Ibid. fub 24 Maji 1531. Quod cum Statuta Vallistellinæ reformata fuerint per ad id, Deputatos per Homines dictæ Vallistellinæ, poft modum electi idem M. D. Johannes Travers. D. Martinus Bonolinus & D. Petrus Finner per M. DD. trium Ligarum ad revidendum ipfa Statuta cum plena poteftate eis attributa; ipfa Statuta revidendi, mutandi, addendi vel diminuendi , prout eis videretur confonum & juridicum; jufferintque Homines dictæ Vallis eorum Nuntios mittere in publica Dieta habita in Civitate Curienfi de

menſe Febr. proxime præteriti per M. DD. trium
Ligarum, ad petendum à prædictis Dominis
confirmationem ipſorum Statutorum reforman-
dorum & tunc reformatorum, tam civilium,
quam criminalium. Tandem præd. DD. trium
Ligarum in dicta Dieta exiſtentes . . . . . .
Eligerunt novem Commiſſarios qui venire deberent in dictam vallem & coram quibus præ-
ſentarentur Statuta ipſa 'quæ per eos etiam
revidi deberent — ne aliquid contra opinio-
nem & mentem prædictorum DD. trium Ligarum ſtatutum fuiſſet . . . . . . Qui igitur
M. DD. Commiſſarii ad ſe portari & præſentari
fecerunt dicta Statura & nova reformata &
vocatis coram eis ſpectabilib. DD. Aloiſio Lam-
bertengo, Chriſtophoro Quadrio de Ponte, &
Johanne Marleanico de Sondrio, qui ipſa Statuta reformaverunt, & auditis eis & eorum
petitionibus nomine univerſitatis dictæ totius
Vallistellinæ petentibus confirmationem ipſorum Statutorum, & quidquid dicere voluerunt
coram eis ipſa Statuta ſibi de uno in unum
à principio uſque ad finem legi fecerunt per
prædict. M. D. Johannem Travers & per D.

Georgium Travers de Samadeno — Eaque bene & diligenter confideraverunt & inter fe
confilium habuerunt , & mutatis aliquibus ex
dictis Statutis additisque & diminutis in mul-
tis locis prout fibi confonum & juridicum vifum fuit , tandem ea confirmaverunt. ———
ut patet ex Decreto confirmationis à dictis
DD. Commiffariis prolato die Mercurii 23 Maji
1531, Indictione quarta.

(145.) Ibid. fub d. 23 Febr. 1540, ubi adfunt
dicta nova Statuta per extenfum. Item fub
3 Mart. & feqq.

Item fub die... menfis Dec. 1540 : Et tunc
prædicti DD. Comparentes, nominibus quibus
fupra ordinaverunt velle nuntios mittere nomine dictæ vallis ad Dietam quæ fiet modo
per M. *Dominos noftros* videlicet duos pro
fingulo Tertierio qui habeant poteftatem &
commiffionem comparendi coram prædictis M.
Dominis noftris & petendi ab eis , ubi prædicti D. Officiales aliquid propofuerint circa
ea Statuta quod dignentur prædicti *Magnif.*
Domini noftri, ubi eorum opinio fit addendi
ea Statuta aliis Statutis, quod ipfa Statuta

omnia revideantur, & fiat per Deputatos per univerfitatem Vallistellinæ ficut etiam alia dicta Statuta facta fuere , & quibus vifis feu melius reformatis addendo vel diminuendo prout eis Deputandis videbitur illa poftea portabunt coram prædictis M. DD. noftris, qui poftea faciant & ordinent quidquid eis videbitur.

(146) Vid. Decretum datum in Taffas die 18 Jan. 1541, ubi — Item, quod omnes Officiales debeant facere omnes proclamationes, quod nullus, quisquis fuerit, poffit facere aliquod Teftamentum & Adoptionem abfque participatione, permiffione & affenfu trium Ligarum — in Actis d. Carugi, d. 23 Jul. 1541, præfati D. Comparentes pro tota Valletellina præfatas Litteras acceptarunt, fupplicantes tamen quod tribuatur D. Capitaneo jus concodendi veniam teftandi in cafu repentinæ & gravis infirmitatis.

(147) Vid. ibid. fub d. 27 menf. Sept. 1546 & 22 Octobr. 1547.

(148) Vid. ibid. fub 25 Jan. 1548. Item fub 2 Februar. 1549 ; & Decretum Sanctionis

Statutorum, dat. Curiæ d. 21 Jan. 1549, ubi:
Auditis Commiffariis per nos electis ad re-
vifionem & reformationem Statutorum omnium Vallistellinæ, & per eos exhibito ex-
emplari ipfarum reformationum. Auditisque
Agentibus nomine Vallistellinæ dicentibus fuperinde quicquid illis vifum fuit & maxime
petentibus modum & regulam faltem dari quibus Statuta ipfa omnino ferventur & execu-
tioni mandentur; habita fuperinde diligenti
confideratione talia Statuta, fic reformata &
ordinata ac fcripta & fubfcripta per dilectum
noftrum Georgium Traverfium, per has noftras
approbamus, confirmamus & corroboramus in
omnibus & per omnia prout in ipfis continetur.

(149) Vid. Acta publica Vallistellinæ, regiftrata à D. Joh. Antonio de Carugo, d. 21 Apr.
1523.

(150) Extant inferta in Inftrumento venditio-
nis bonorum Fifco devolutorum, rogato à
D. Joh. Ant. Carugo, d. 23 Febr. 1532.

(151) Vid. Copiam authenticam Credentialium
D. Joh. Georgii Scarpateggi, Vallis Superfaxi.

datar. in Taffas d. 10 Jan. 1535 , cum Actu
præfentationis factæ in Confilio Vallistellinæ
d. 8 Apr. 1535, fubfcripta à dicto Joh. Ant.
de Carugo , Not. & Cancellario Provixionis
Vallistellinæ.

(152) Vid. Copiam ab eodem exaratam Litte-
rarum credentialium concefarum à Dieta publica congregata in Civitate Curienfi D. Conrado de Lombris , datar. d. 12 Jan. 1537,
per quas dictis Capitaneis & Gubernatoribus,
non tantum merum & mixtum Imperium,
Gladii Poteftas , Jus gratiandi pleniffimum,
nec non Datia , Pedagia , Telonea , Honoran-
tias &c. percipiendi , fed etiam facultas In-
ftantias , peremptas inftaurandi , tribuitur.

(153) Vid. Decretum Oratorum trium Ligarum,
dat. Curiæ d. 3 Jul. 1528. Ordinationem factam à M. D. Joh. Gulero , Capitaneo & Gu-
bernatore Vallistellinæ, d. 4 Mart 1529, in
obfequium ejufdem Decreti. — Decret. Oratorum trium Ligarum dat. Curiæ d. 12 Feb.
1530. — Decret. Oratorum trium Ligarum dat.
22 Jan. 1535. — Decret. Oratorum trium Ligarum , dat. in Ilans die 6 Aprilis 1543 , aliaque.

(154) Vid. Eſtratto authentico dal Protocollo della Commiſſione di Stato radunata in Coira in Gen. e Febr. 1790. pag. 50 e 51.

(155) e nel 1530 e 1531. foſtenne il Vicariato della Valtellina, Nicolo Quadrio pure di Ponte, *ſind ſeine eigene Worte.*

(156) Vid. Pro-Cauſa Joh. Ant. de Carugo, ubi: 1530 die Mart. 5 menſis Jul. Indict. 3. Coram vobis, Magn. & gen. Viro Johanne Traviers, Locumtenente, D. Jacobi, filii veſtri, Capitaneo & generali Gubernatori totius Vallistellinæ pro Magnif. DD. trium Ligarum, & Spectab. J. U. D. *Nicolao Quadrio, Locumtenente.* Spectab. D. Petri *Finneri*, Vicarii præfacti Officii Capitaneatus &c. Ibid. ſub eod. anno die Veneris 5 menſ. Auguſti. Magn. & gen. D. Jacobus Traviers, totius Vallistellinæ Capitaneus & generalis Gubernator, nec non Spect. & exim. J. U. D. Nicolaus de Quadrio, *Locumtenens*, Spectab. D. Vicarii &c. Ibid. An. 1532, Indict. 5. die Lunæ 13 menſ. Maji. In executionem ordinationis factæ per Magn. Rudolphum de Præpoſitis Vicarium Vallistellinæ &c.

(157) *Siehe oben in der Anmerkung* N°. (82).

(158) Vid. Statuta Ducatus Mediolani, Part. 2. cap. 273 & feqq. Statuta antiqua Comitatus Comenfis, tit. Caufar. civilium, cap. 37, 38. & tit. de Officio Poteftatis, cap. 89. Statuta Vallistellinæ crim., cap. 102 & anteced. Statuta Comit. Clavenn. civ. cap. 62.

(159) *Siehe* Inftrumentum traditum à Johanne Ant. q$^{m.}$ Johannis de Puteo Not. Travonæ, die 10 Maji 1519, ubi legitur, quod à Dom. Capitaneo Vallistellinæ pro refectione Stratarum regalium deputatus fuit D. Paulus a Marmorera. *Ferner fteht in dem oben angeführten Inftrument* Confilium Squadræ Morbegni, rogat. ab Artuchino de Caftello die 27 Maji 1519:

Conftituunt fuum Miffum &c. ad fe præfentandum in publica Dieta fienda in Civitate Curiæ, feu alibi, coram Magn. Dominis Oratoribus Magn. Ligarum, & ab eis petendum: Quidquid eis videbitur circa refectionem Pontis de Barcho exiftens fuper flumen Abduæ —— 3°. Ad petendum, quod velint difpenfare Communia & Homines Squadræ Morbegni de

Solutione illorum Reinenſium centum ex im-
poſitionc Magn. DD. trium Ligarum pro ſolutione Stratæ noviter faſtæ verſus Lacum.
Decreto de Magnif. Oratori dell' Eccelſe
tre Leghe fatto in Coira li 12 Febr. 1531. per
le riparazioni de foſſi nella ſtrada di Mezzola
verſo il Lago. Decreti delli 29 Marzo 1549,
delli 4 Gennaro 1567, delli 17 Luglio e 24
Nov. 1573 , 3 Giugn. 1575 , delli 25 e 28
Giugn. 1576, delli 24 Agoſto 1577, delli 31
Maggio 1581, 8 Lugl. 1582, delli 8 Febr. e
27 Giugl. 1584, delli 4 Febr. 1590 , 25 Nov.
1591 — 5 Feb. 1592 , 20 Giugn. 1593 — 18
Octob. 1594, ed altri moltiſſimi.
(160) Vid. Proſpetto pag. 75 e 76. Li quali
(Editti Monetali) di poi venivano concordati
e combinati nelle raunanze delle Diete.
(161) *Es heißt im Receß vom Jahre* 1500 :
Item, Wir oder der, ſo wir an unſere Stelle
ſetzen werden, und ſollen auch Macht und
Gewalt haben der gulden und ſilbern Münz
halben, ſo bishar gangen hat, Ordnung und
Satzung zu machen, in was Werth die hinfür
ſoll und mög genommen und gehalten werden.

Siehe Acta publica monetaria, ex collectione
D. Thomani, part. 2. tit. 39.

(162) E piaciuto all' Illuftr. ed' Eccelfi Signori
Padroni limitare con Gride cominative il corfo
delle monete nella Valtellina come fiegue:
Corfo delle monete ordinato nella Valtellina
in feguito al Decreto della Dieta di Tavate,
delli 14 Gen. 1535.

Decreto delli 17 Nov. 1561. fopra il Corfo
delle monete. Editto per il Corfo delle monete publicato per ordine dell' Eccelfa Dieta
radunata in Jante li Decemb. 1574.

Vedafi Atti del Configlio publico della Squadra di Traona rogati dal Sr. Benedetto Paravicini li 28 Genaro 1675. — Atti del Configlio di Valle rogati dal Sign. Ant. Carugo li
2 Feb. 1549. Documenti effiftenti nel Archivio di Chiavenna all' N°. 50; *nebft gemeiner
Landen Protocollen.*

(163) Per menfem Junii Lacus accolis fame
confectis frumenta leviter dari coepta funt,
*incerto, adhuc fuperiorum Lacus regionum,
quas Rhæti occupabant, Dominio.* Clavennam
tamen & Volturenam, miffis iterum in ea loca

Germaniæ Magiſtratibus, obtinebant. Benedictus Jovius, ad ann. 1516.

(164) Rhæti quoque ſuperiores Lacus regionis
Gallis dimiſerunt Clavenna Vulturenaque con-
tenti. *Jovius* ibid.

(165) Steffano Merlo all' anno 1513. *Signoreggiando li Griggioni la Valtellina.*
1515. Signoreggiando li Griggioni la Valle.
1516. Li Sign. delle tre Leghe quali Signoreggiavano da Dongho ſino à Bormio.
1524. Preſero le Terre de Muſſo Sin a Sorico
quali erano de Sign. Griggioni.
1526. Furono rovinate quaſi tutte le altre
Fortezze di Valtellina per li Sign. Griggioni
quali dominavano la ſopraſcritta valle di Valtellina & valle Chiavenna.
1524, 1531 *und* 1538 *ſteht achtmal* li noſtri
Signori Griggioni.

(166) *Siehe den Vertrag zwiſchen den drey Bünden und einem Gnädigen Herrn, dem Biſchofe
zu Chur, unter den Beylagen* Lit. T.

(167) *Siehe Tſchudi's Documente*, Tom. VI.
N°. 52. *auf Pergament.*

(168) *In dem ewigen Frieden heißt es:* — *Zum*

*Zwölften , von wegen des Schloſſes Lowerts ,
Luggarus und des Meythals, mit aller Zugehörd, iſt beredt, daß Wir, benannter Küng ,
unſeren guten Fründen den Eidgnoſſen die Wahl
nachgelaſſen haben , daß ſie ſich in Jahresfriſt
erläutern mögend, ob ſie dieſſelben Schlöſſer
und Land behalten, oder die drümahl hundert
Thuſend Cronen, wie davon geredt iſt, dafür
nemmen wellend ? Wo ſie dann das Geld an
die Hand nemmen würden , ſo ſoll nicht allein
verſtanden werden Lowerts , Luggarus und
Meythal, ſondern auch das Veltlin, Cläven,
und andere Plätz und Land dem Herzogthum
Mayland zugehörende ſollend gemeinlich zu
des allerchriſtlichſten Künigs Handen übergeben
werden, ußgenommen die Statt und Schloß
Bellentz mit aller Zugehörd, ſo in unſer de-
rer von Uri , Schwitz , und Underwalden
unter dem Walt, Handen bliben ſollen. Und
an der obbemelten Summ der 300,000 Cronen
ſoll alsdann den dreyen Bünden in Churwah-
len ihr Theil erlangen und werden, als einem
Orth der zwölf Orthen.*

Beſagter

*Befagter ewiger Friede fteht nicht nur in
dem vom Verfaffer des* Profpetto, p. 11. *citir-
ten* Du Mont, *fondern auch in* Lünig, p. 227,
N°. 50; *ferner in der Sammlung der vornehm-
ften Bündniffe der Krone Frankreich mit der
Eidsgenoffenfchaft.* 8°. *Bern* 1732, *pag.* 117;
in Lew's *Lexicon, Wort Frankreich, und in
vielen andern Sammlungen von Urkunden.*

(169) Approbamus, ratificamus & confirmamus
& in quantum opus eft de novo concedimus
& donamus gratiofe, *heißt es in der Urkund.*

(170) *Siehe das Diplom der Beftätigung aller
Freyheiten und Rechten, fo von Kaifer Carl
dem V. dem Bifchofe Paul von Chur den* 15.
May 1521 *zu Worms ertheilt worden, welches
im Archif des gedachten Bifchthums, auf Pergament mit dem groffen kaiferlichen Siegel verwahrt, vorhanden ift , unter den Beylagen*
Lit. X.

(171) *Die Urkund des Bundes mit den Eidsge-
noffen ift in dem Archif zu Zürich vorhanden.*
Du Mont, Lünig, *und andere Diplomatiker
haben fie ; darinn gefchieht der Veltliner keine
Meldung. Von dem Bunde vom* 5. *Hornung*

K

liegt die Original-Urkund mit dem groſſen kö-
niglichen Siegel im Archif zu Chur. Hier iſt
ſie unter den Beylagen ſub Lit Y.

(172) *Man ſehe die Urkund auf Pergament*
mit den Inſiegeln der drey Bünde verwahrt,
im Archif zu Chur. Dieſer Bundsbrief ſteht
auch im Du Mont, Tom. 4. pag. 396. N°. 176.
und in Lünig's *Grundveſte Europäiſcher Po-*
tenzen Gerechtſamen, Part. 2. pag. 762.

(173) *Die Urkunde auf Pergament dieſer Stan-*
desgeſätzen befindet ſich ebenfalls im Archif
zu Chur.

(174) *Ihr Schluß iſt dieſer:* — *Vor verſchrieb-*
nen Satzung, Ordnung, Stükken , und Arti-
keln zu wahrer gläubiger Urkunde und mehrer
veſter Sicherheit , ſo haben wir hernach bemel-
ten , Ich Mathias de Rungs, derzeit Land-
richter im oberen grauen Bund , genampts
Grauenpunth eigen Inſiegel ; Ich Hans Carlin,
damahls Bürgermeiſter zu Chur , von wegen
und im Namen gemeinen Gotthaus - Leuten ,
enhalb und her dißhalb der Gebirgen gedach-
ter Statt Chur eigen Inſiegel ; Ich Jörig Be-
lum , auf die Zeit Landaman in Taffaus , der

gemeinen Zehen Gerichten auch eigen Infiegel.
All drey aus Befelch unferer Oberen und Ge-
meinden gemeiner Dreyen Pünthen offentlich
hier an diefen Brief gehengt.

(175) *Man fehe die im Bifchöflichen Archif zu*
Chur vorhandene gefiegelte Urkund diefes Ur-
theilfpruchs. Beylagen Lit. Z.

(176) *Siehe die Artikel, fo Bifchof Lucius*
Iter am Donftag nach St. Gallentag 1541. *in*
eine, im Archif vorhandene, feyerliche Urkund
verfaßt und befchworen hat.

(177) *Man fehe die Urkund diefes Bündniffes*
unter den Beylagen Lit. AA.

(178) *Es lautet in dem erften Veltliner Memo-*
rial von 1620, *fo wir billicherweife als Ur-*
kund diefer Capitel anfehen:

Primo, quod Homines Vallistellinæ & Communitatis Tilii velint & debeant Reverendif-
fimo Domino Epifcopo Curienfi & tribus Ligis
perpetuis temporibus in omnibus & fingulis
licitis & honeftis parere & obedire.

(179) L. 147. de reg. Jur. femper fpecialia
generalibus infunt:

K 2

Voce omnes, intelligitur omnis ordinis., omnis conditionis, omnis dignitatis, omnis ætatis, fiquidem omne totum eft & integrum, & nulla fua parte defectum. Tertullianus de virginibus velandis, cap. 8.

Dictio omnis eft univerfalis & nihil excludit Surdus Confilio 31. Nº. 27, & Confilio 73, Nº. 63 & 64; & Doctores omnes ad L. 1. ff. de Legatis, alii multi ibi citati, ubi addit: Quæ multo magis hic vindicabunt, fibi locum, quia dictum fuit de *omnibus & fingulis* quæ geminatio folet multum operari & in propofito dictam geminationem confiderat Ruin. in Confilio 150. Nº. 3. & Crot. Confil. 14. Nº. 15.

(180) La première maxime générale fur l'Interprétation (des Traités) eft: qu'il n'eft pas permis d'interpréter ce qui n'a pas befoin d'Interprétation. *Vatel* Droit des Gens, Liv. 2. chap. 17. §. 263.

(181) *Es·lautet:* Secundò, quod prælibati Homines Vallistellinæ & Communitatis Tilii fint, & effe debeant noftri, videlicet Reverendiffimi Domini Epifcopi Curienfis & omnium trium

Ligarum, cari & fideles Confœderati & tales
permanere & pro tempore, quo neceſſe fuerit, ad Dietas noſtras vocari, in Conſiliis pa-
riformiter nobiſcum federe, & conſulere omne
id quod eis Communitatibus magis expediens
videbitur, & quando ad Dietas ſic & prout
ſupra vocabuntur, tunc debeant de quolibet
Tertierio & Communitate Tilii unum mittere
Conſiliarium.

(182) Tertiô, quod Homines Vallistellinæ &
Communitatis Tilii gaudeant & utantur eorum
privilegiis & antiquis conſuetudinibus, ſi ſal-
tem fuerint de jure laudabiles & Deo con-
ſonæ.

(183) Inſtit. de Jur. Nat. Gent. & Civili:
§. 6. Sed & quod Principi placuit legis habet
vigorem, quodcumque ergo Imperator per
Epiſtolam conſtituit vel cognoſcens decrevit,
vel edicto præcepit Legem eſſe conſtat: hæc
ſunt quæ Conſtitutiones appellantur. Plane
ex his quædam ſunt perſonales (id eſt, Privilegia); ut *Hoppius*, *Huber*, *Bachovius*,
Harprecht, *Zoeſius*, & paſſim Interpretes omnes ad h. t.

(184) Quartó, quod prælibatus Reverendiff. D.
Epifcopus Curienfis, & omnes Ligæ firt &
effe debeant dictis Hominibus Vallistellinæ &
Communitatis Tilii Adjutorio & Confilio erga
Cæfaream Majeftatem & Ducatum Mediolani,
aut alibi ubicunque oportuerit ut liberi fiant
à taleis & fimilibus uti Homines trium Ligarum.

(185) Vid. Inftrument. rogat. a D. Donato q^m.
Johannis Junoni, dicti Lantiæ, 1498, die 5
Decembris.

Ubi — Omnes Sindici, Procuratores Communis
& Hominum, & fingularium Perfonarum de
Cofio Vallistellinæ Comarum Diœcefis ————
folemniter & legitime conftituti & deputati,
& quibus, feu majori parti eorum, attributa
eft poteftas baglia & facultas vendendi, &
alienandi, & alia faciendi prout opus & expediens fuerit de bonis & rebus mobilibus &
immobilibus fuprafcripti Communis Cofii pro
recuperatione fubventionis Ducatorum triginta quatuor millium toti Vallistellinæ *impo-
fita*, videlicet pro tangente dictis Commune
& Hominibus Cofii, ut de præmiffis publico

conſtat Inſtrumento ipſius Sindicatus, tradito & rogato per Job. de Boninis, Not. publicum Comarum, q^m. Sr. Zanis, anno & Indictione præſentibus, die Dominica primo menſis Octobris.

(186) *Es ſoll aber ein jeklich Menſch, es ſig Wib oder Mann, ſinen rechten Herren oder ſiner rechten Herrſchaft glimpflicher und zimlicher Dienſten gehorſam ſeyn — heißt es im Bund der 3 Waldſtätten; geſchloſſen am Dienſtag nach Nicolai Tag 1315. —*

Zum Erſten ſo habend wir die obgenandten von Lucern vorbehalten und gelaſſen, dem Hochgebohrnen unſern Herrn den Herzogen von Oeſtreich die Rechtungen und die Dienſt, die wir ihnen durch Recht thun ſollen — — —

Und wir, die Vorgenandten von Uri, Schwitz und Unterwalden auch vorbehalten und gelaſſen unſerem Durchleuchtigen Herrn dem Kayſer und dem Heil. Römiſchen Reich die Rechtung, die wir ihnen thun ſollen, als wie von alter guter Gewohnheit harkommen ſind, on all Gewärd — — — heißt es im Bund der 3. Waldſtätten mit Lucern geſchloſſen am Samſtag

vor St. Martinstag 1352. — *So lautet der am
St. Waldburgentag* 1351 *gefchloffene Bund mit
Zürich, der den* 4ten *Tag Brachm.* 1352 *gefchloffene Bund mit Glarus, und alle übrige.*
(187) *Im Bundsbrief des obern grauen Bundes,
gefchloffen zu Trüns zu Mitten Merzens* 1424,
fteht :

*Item, wir habend auch verheiffen, gelopt
und gefchworen, daß wir einen jetlichen Herrn,
Geiftlich und Weltlich, ein jetlichen Edelman
und Unedel, Arm und Rich, allermainiglich,
die in diefen Punt gehörendt und gefeffen find,
follen laffen bliben bi dem finen, bi Ihren Lü-
ten, Güttern, Gerichten, Dienften, by allen
iren Rechten, Nutzen, Zinfen, Eigenfchafften
der Iren und guten Gewohnheiten als vormahls,
wie das mit Recht und guter Gewohnheit har
ift komen, on all Geferd &c. —— In dem
Bundsbrief des Zehen - Gerichten - Bunds, gefchloffen am Freytage vor Fronleichnamstag*
1436, *fteht :*

2. *So wollen die obgenandten Länder und
Gericht auch einen Erbherrn thun, warzu er
dann auch das Recht hat.* —— *Und Art.* 11 :

Abermahl ist beredt und bedinget in dieser Puntnus, daß man jedermann soll lassen bliben by sinen Rechten und Freyheiten, zu guten Treuen.

Im allgemeinen Bundesbrief, gesieglet am Freytage nach Matthäi 1524, *steht: Wir obgemeldt Pundsgenossen haben auch einander einem jetlichen Herrn, Ländren, Gerichten, Statt und Dörfer, Edel und Unedel, Arm und Rich, niemand ußgenomen, seine Recht vorbehalten, also, daß ein jeder by sinem alten Herkomen bliben soll und mag.*

(188) Quinto, quod Homines Vallistellinæ & Communitatis Tilii teneantur singulis annis dare & solvere Reverendissimo Episcopo Curiensi & omnibus tribus Fœderibus Tainenses mille in promptis denariis persolvendos, per quemlibet seu quoslibet habentes bona in dicta valle ad ratam bonorum suorum exemptum & non exemptum.

(189) *Siehe Ihrer Kaiserl. Maj. und Gemeiner Stände des Reichs Auffätz und Ordnung auf dem Reichstag zu Trier und Cöln laut der den* 26 *Tag Augstm.* 1512 *ausgestellten Urkund*

im erften und vierten Artikel, Mainzer Edition vom J. 1579, pag. 79, des erften Theils. — Ferner *fiehe: Auszug aus den Regiftratur-Ab-fcheiden der Canzley zu Zürich, allgemeine Relation der Tagleiftung zu Zürich, 12 Jun. 1512, wo fteht: Zu Trier wurde unferen Botten in Auftrag gegeben, wir follen das Her-zogthum Mayland eroberen, und den jungen Sforzia den Herzog Maximilian darinn ein-fetzen, woll man uns an unfer Kriegsköften geben dreymahlhunderttaufend Dukaten, oder Land. — Mehr fiehe die Abkommnus zwi-fchen Cardinal Matthæus Schiner von Sitten, Namens des Pabfts, des Catholif. Königs von Hifpanien, und der Durchl. Herrfchaft von Venedig, mit Freyherrn Ulrich von Hohen-Sax, Jacob Stapfer und andern Hauptleuten und Venner des Heerzugs der Eidgnoffen, vom 24 Jul. 1512, worinnen — Da das Herzog-thum Mayland ingenommen, und die erober-ten Schloß und Statt allein dem Herren Cardi-nal im Nammen und zu Handen des Punds ge-huldet und gefchworen haben — — — hat er fich erleütert, und bekennt, daß fein fürftlich*

Gnad will nie gewesen und noch nicht seye, daß durch solch Hulden und Schweren unseren Herren und Oberen gemeinen Eidgenossen Ire Forderung, Zusprach und Ansprach, so sie an und zu bemeltem Künig von Frankreich, defsgleichen an dem Herzogthum Mayland und ander Schlöß und Stätt haben, keineswegs verletzt, entzogen, abgesprochen, gemindert oder beschnitten seyn sollen, dann sein Fürstlich Gnad ein guter erlicher Eidgnoß seye, und er wollte, daß sin Gebärerin Ine nie empfangen und an die Welt bracht hätte, eh sein Fürstlich Gnad einer lobl. Eidgnoffenschaft einicherley nachtheiliger Hülffe zufügen wollte.

Mehr in Stettler's Annalen, Buch 9, pag. 462: — Der Cardinal vermahnte die Eidgnoffen, unverzagt und dapferlich mit ihm heranzuziehen, mit Versprechung, ihnen alle Stätt und Schlöffer, so sie bey würendem Krieg eroberen würden, Pfandtweis bis zu vollkommener Satisfaction einzugeben. —

(190) Siehe: Allgemeine Relation der Tagleistung zu Baden vom 6 und 29 Sept; und der Tagleistung zu Zürich vom 16 Octobris, im

Archif der Canzley Zürich. — Stettler's Annalen, Buch 9, pag. 168 und 472.

(191) *Siehe die Originalfchreiben und Verhandlungen in dem Abfcheid der Tagleiftung zu Zürich vom 16 Nov. 1512, in der Canzley Zürich. — Schwichard's Chronik Mscpt. Cap. 33, alhwo diefer Augenzeuge fpricht — Zuerft hand die Lamparden begehrt zu fetzen einen Herzog mit Hülff und Ratt der Eidgnoffenfchaft — Cap. 34, wo die Einfetzung des Herzogs zu Mayland befchrieben wird — — Conr. Juftinger's und Valerius Anshelm's Chronik Mscpt. Tom. 3. ad ann. 1512, und allda — was namhafte Tagleiftung die ganze Eidgnoffenfchaft nach erobertem Mayländifchen gehalten, und dann die Relation des Eintritts zu Mayland, von Jacob von Wattewill, uf Frytag nach Wienacht 1512. Stettler l. c.*

(192) Dans le recueil des Lettres du Roi Louis XII, Tom. 4. p. 25. Lettre de Jean le Veau à M. Marguerite d'Autriche, du 24 Janvier 1513, ou après avoir fait le récit de l'entrée du Duc Maximilien à Milan, fait comme il dit, le 28 Décembre 1512; il

ajoute : C'eft, Madame, que la moitié du peuple de-par-de-ça eft fi fort françois, que rien plus, tant par crainte, que les François retournent qu'autrement, & font les plus découragés du monde. Le tout confifte, fi les Suiffes veulent tenir bon ou non.

(193) *Diefe Erzehlung beftätiget fogar der Schweitzerfeind* Paulo Giovio *Anfangs des eilften Buchs, der fogar das* Magno animo *des* Juftiniani *wiederholt.* Guicciardini *im eilften Buch,* und Ludovico Cavitelli Annal. Cremonenf., *der befonders verfichert* ad ann. 1513, *die Bündtner haben an dem allem viel Theil gehabt.*

(194) *Man fehe die oben angeführte Relation* Jacobs *von Vatevill in der groffen Stettlerifchen Chronik Manufcript, die davon die deutlichften Beweife an die Hand giebt.*

(195) Vid. Guler & Campell, Cap. 49. ad anno 1513.

Helvetii ac Socii Rhæti memoratum Ducem Maximilianum rurfus priftino reftituentes, Statui eum Principatui reddunt ; Tigurino Confule ei claves Mediolanenfis Civitatis tradente

Calend. Januarii Anno Dom. jam ineunte 1513.
Ubi reverſus Dux Maximilianus Helvetiis vi-
ciſſim Bilitionam, Lucarnum, Lucanumque op-
pida cum Vallibus Madiana & de Oſcellœ, et
Rhætis Volturenam & reliqua cum venia dimi-
ſit. *paѢis de hac re foederibus*, *etc.*
Joſias Simler de Rep. Helvet. Lib. 1. § bella
Italica.

Maximilianus Sforzia Helvetiorum bene-
fitio in imperium paternum reſtitutus fœdus
& amicitiam cum illis junxit & civitati
Helveticæ Lucanum, Locarnum, Mendriſium
& Madiam Vallem; Rhætis autem confœderatis Vallemtellinam ſeu Yolturenam dono
dedit.

Franciſci Guillimanni de Rebus Helvetiorum Lib. 4. Cap. 2.

Utraque regio quondam Maximiliani Sfortiæ Mediolanenſis Ducis liberalitate Rhætis
poſeſſa anno D. 1513. cum eorum quoque
auxiliis paternam hereditatem recepiſſet.

(196) Vid. Caſtigat. & Notas D. Joſeph Mariæ
Stampæ, in anon. Poëma de Bello & excidio

urbis comenfis. Apud Murator Script. Rer.
Italic. Tom. 5. p. 446. in nota 74.

Sub eft (Vallis Tellina) duobus ab hinc
Seculis Rhætorum Dominio, cum olim fui juris
eſſet quouſque ſub Duces Mediolani translata
Jurisdictione, eam tandem Maximilianus Sfortia Mediolanni Dux Rhætis anno 1513. dono
dedit.

Vauciennes Mémoires fur l'origine des guerres , pag. 4. Maximilien Sforce ayant été re-
tabli au Duché de Milan à l'aide des Grifons,
leur cèda l'an 1513. le droit qui lui appar-
tenoit en ces Seigneuries (la Valtelline & Chavenne.)

(197) Guicciardini Iſtoria d'Italia Lib. undecimo ad ann. 1513.

Finalmente con Conſentimento Commune
furono ratificati da tutti Cantoni i Capitoli
fatti col Duca di Milanno.

(198) May de Romain-Motier , Hiſtoire mili-
taire de la Suiſſe , Section 49. Tom. 4.

L'Evêque de Lodi conclut & figna le 3
Octob. un traité d'alliance entre le Corps
Helvétique & le Duc Maximilien Sforce, dans

lequel, inter cetera, fe trouvent les articles
fuivans : 5°. Le Duc cède pour toujours
& fur le même pied aux douze Cantons Lu-
gano & Locarno avec leurs diftricts, Vall Mag-
gia avec le fien; et au lieu de Mendrifio
ftipulé dans le traité de Trèves, la Ville &
Vallée de Domo d'Ofcella. 6°. Le Duc cède
fur le même pied pour toujours aux trois
Ligues grifes, la Valtelline & le Comté de
Chavenne.

(199) Vid. Litt. Octavii Sfortiæ Epifcop. Lau-
dens, dat. die 16 Octob. & 16 Novemb. 1512.
Regiftratur-Abfcheide, ad ann. *Tagleiftung*
zu Zürich. *Tfchudi* Docum. Tom. 6.

(200) *Siehe Relation des Eintritts zu Mayland*,
von Jacob von Wattenwill, auf Freytag nach
Weynachtstag 1512. Item, *Abfcheid gemei-*
ner Eidgenoffen Rathsbotten zu Mayland, als
der Herzog eingefetzt war, in der oben citier-
ten *Chronick Juftingers, und Valerius Ans-*
helm, Tom. 3.

(201) Mandato generale del Duca Maffimilianno
a fuoi Sudditti che obedifcano al Sr. Capitano Felix de Zurico come alla fua perfona
propria

propria fotto le piu gravi pene delli 16 Maggio 1513. *in Stampa; Unter den Tſchudiſchen Handſchriften, gr. 68. B. 2. N°. 27.*

(202) *Man ſehe in Tſchudi Documenten, ſo in der Canaley Zürich aufbehalten werden, im 6ten Tom. das Original-Schreiben, ſub 6 Junii 1513.*

Litteras directas illuſtribus & potentibus amicis tanquam patribus noſtris clariſſimis, Dominis Gubernatori & Conſilio civitatis Claronæ. Signatas: veſter bonus filius Maximilianus Dominus Mediolanni; *darinnen ſteht* inter cætera:

Summo hoc mane a nobis aſſociati contra Gallos alacriter contenderunt & in ipſos, nobis videntibus, impetum fecerunt, & ut Deo optimo maximo juſtitiam noſtram faventi placuiſſe viſum eſt, duarum horarum ſpatio poſtquam confligi cœptum eſt, de hoſtibus pro magna parte cæſis reliquis fugatis, Duces veſtri, propugnatores noſtri, victoriam egregiam retulerunt; quo præclaro facinore ipſi Duces immortalem ſibi & vobis gloriam com-

pararunt. Nobis vero longe validius quam
antea ftatus noftri firmamentum folidaverunt.
Quæ ideo vobis fignificanda cenfuimus, ut
fecundæ hujus fortunæ noftræ, & veftrorum
gloriæ participes facti congaudere nobifcum &
majora in pofterum de nobis beneficia, pro
mutua benevolentia & fœderis pacti confo-
lidatione, vobis promittere valeatis, quo-
niam tantorum meritorum veftrorum nulla nos
unquam oblivione capiemur; quin quæ veftrorum viribus & fanguine nobis fervaftis, imo refti-
tuiftis, vobis communia æque ac nobis femper
fore conftituerimus.

(203) Cuiacius in Julii Pauli receptarum fen-
tentiarum interpretationibus Lib. 4. Tit. 6.
initio.
Non eft credendum Alciato, qui eam fuiffe a
Gratiano fublatam idque Aufonium in gratia-
rum actione teftari falfo confcripfit. Solet Al-
ciatus auctorum teftimonio abuti, eorumque
verba ad fui animi fententiam commutare, qua
re nihil eft iniquius nihil illiberalius.

(204) Stettlers Annalen, Buch 9. pag. 472.

(205) *Diefes Bündniß fteht in* Conrad Juftin-
gers und Valer. *Anshelms* Chronick Manufcript,
Tom. 3. ad ann. 1515. per extenfum, *auch*
Stettlers *Annalen,* Buch 10. p. 526. *und*
Struvius im Corp. Hiftoriæ germ. Period. 10.
Sect. 3. § 44. *erwehnen deffelben.*

(206) *Siehe* Stettlers Annalen, *Buch* 9. pag.
482. *Siehe ferner das höchft verbindliche Schrei-
ben Pabfts Leo an die Eidgenoffen, vom* 13 *Juli*
1513. *Bey* Bullinger *Chronik* Manufcr. *Buch*
14. Cap. 13, *wo er fich unter anderm er-
klärt:*

Vos autem, quos idem Deus fuæ voluntatis
effe miniftros voluit, chariffimos animoque
noftro conjunctiffimos & habemus nunc &
femper fumus habituri. Neque vos moveant
voces improborum, qui ut intelligimus, jactan-
tur temere illi quidem & injufte nos ac reliquos
noftros Confœderatos compofitis & pacatis
rebus veftrum præterea nomen, veftramque
benevolentiam non curaturos. Nam ipfi a
fœdere quod habemus vobifcum non fumus

discessuri sed id plene integreque servabimus.

(207) *Man sehe bey Du Mont*, Corps Diplomatique, Tom. 4. pag. 196. N°. 92. *diesen Bund* per extensum, *durch welchen der Pabst denen Herren Schweitzern ihre Besitzungen und Unterthanen förmlich garantiert, und in welchem Bund die drey grauen Bünde im siebenten und fünf und zwanzigsten Artikel ausdrücklich eingeschlossen sind; er ist gegeben zu Zürich den 9 Decemb.* 1514.

(208) *Man sehe das Diplom in Lünigs Reichsarchif* Part. Special. Contin. I. 5ter *Absatz von Mayland,* pag. 10. N°. 70.

(209) *So lauten die ausdrücklichen Worte dieses Belehnungs - Documents , welches in* Du Mont Tom. 4. pag. 398. N°. 177. *steht.*

(210) *Alle diese Documente sind in dem Archif löbl. gem. Landen , und in dem Bischöflichen Archif zu Chur , auf Pergament mit*

den groſſen Kayſerlichen Inſiegeln verwahrt ,
vorhanden; beſonders iſt die Erbeinigung dop-
pelt da, indem ſie in die den 7ten Jenner 1637.
erfolgte Erneuerung derſelben einverleibt worden iſt. Ueber die Exiſtenz ſolcher Urkunden
ſtreiten, iſt Unwiſſenheit oder weibiſche Zank-
ſüchtigkeit. Will aber unſer Ungenannte aus
diplomatiſchen Sammlungen ſeines Irrthums
überführt ſeyn, ſo ſchlage er in dem Londorpio ſuppleto & continuato im vierten
Theil, Buch 2, das hundertſte Document
auf, ſo wird er an dem Daſeyn der Erbeinigung von 1518', und von 1637, nicht mehr
zweifeln. Dieſelbe ſteht in Lünigs Reichsarchif, Part. ſpecial. Continuat. prima, vierten
Abſatzes; Document N°. 163. ebenfalls,

(211.) Die ahgeführten Documente ſtehen in
Lünigs Codice Italiæ Diplomat. pag. 538.
550. 556. ſub N°. 53 — 55 und 56. der
Reihe nach; das letzte ſteht im deutſchen
Reichsarchif, part. ſpecial. Cont. 2. pag. 273.

(212) Man ſehe den zu Genf den 24 Decemb.

1515 *abgefaßten Friedenstractàt in der Samm-*
lung der vornehmsten Bündniße und Verträ-
ge zwischen Frankreich und der Eidgenoß-
senschaft; gedruckt zu Bern im Jahr 1732.
pag. 106.

(213) *Siehe Stettler's Annalen, Buch* 10. *pag.*
563.

(214) *Die von ihm angeführten Geschichtschrei-*
ber sagen weder mehr noch minder, als fol-
gende Worte :

Benedict. Jovius Historia Patria ad annum.
At Francifcus Dux cum Rhætis & Helvetiis
ad delendum Medicum fædus pepigit. Seb.
Munfterus in Capite *quæ atrocia Bella.*

Francifcus itaque Sfortia dum vixit in pof-
feſſione non interrupta Mediolanenſis ducatus permanfit, excepto bello quem illi anno
1531. Muſſienſis excitavit, quem tamen ope
Helvetiorum mox pacavit arce Muſſii diruta.

Mifaglia vita di Gio Jacomo Medici p. 72.

Al Fine il Duca non oftante la Tregua
Capitolò congli Ambafciatori Griggioni e Suiz-

zeri che a quefto efetto erano venuti a Milano alcuni Giorni prima nella qual Capitolazione fi obligorono di rompere la Guerra al Marchefe ciafchuno dalla fua parte fino alla totale eftirpazione di effo e per un fpeziale Capitolo volfero i Griggioni che havuto Muffo fi haveffe a rovinare per le mani luoro ne mai piu fi poteffe riedificare ; in tanto' fpavento gli haveva pofti quel forte che fopraftava a quella *luoro Valle.* (la Valtellina.)

Ballerino Compendio delle Croniche di Como Parte I. Cap. 35.

Ne quali Tempi non reftava altra cativa erba da fcradichare dallo ftato Milaneffe , eccetto ch' il Medici, il che per meglio fare fi congionfe il Duca in Legha con Suizzeri & Griggioni quali s'inviorono verfo Muffo.

(215) Hulderici Campelli comentar. de Rhætia ac Rhætis Lib. pofteriori Cap. 56.

Pacta Ducis Francifci cum Rhætis & Helvetis. —

Secundo , ut Dux illis juribus univerfis cedere deberet quæ in Vulturenam & Clavennam habuiffe exiftimaverit ita ut nunquam in pofterum quidquam amplius nec ipfe, nec pofteri fibi in illis regionibus vindicare præfumant.

Johan Stumpfen Eidgenöffifche Chronick, gedruckt A°. 1546. *Buch* 10. *Capitel* 10. *Zweytens: der Herzog foll wüffentlich Verzicht thun uf all Recht fo er etwann am Veltlin und Cläfen gemeint gehebt zu haben, daran kein Anfprach mer fuchen, und fich allezyt mit den Pünten nachpürlich tragen.*

(216) Pallade Rhætica Lib. 4. pag. 198. Elzivir.

Summa 13. Articulorum cum Duce Francifco pactorum erat — Quod omnibus prætenfionibus fuper Volturena, comitatu Clavennæ & Bormio exemplo fratris Maximiliani in perpetuum renuntiaret.

Hiftora motuum pag. 13 :

Anno 1513. Maximilianus Sfortia Rhætis omnes illas regiones quas in Ducatu Mediolani ceperant ipfis cedit, cujus rei Litteræ eodem anno datæ extant. Identidem frater ipfius Francifcus fecundus Dux Mediolani anno 1531. pactis cum Rhætis ad pellendum Jo. Jacobum Medicæum initis, fratris acta circa Vallemtellinam Clavennæ Comitatum & Burmium confirmat. *In feinen* Ricordi fideli d'un onorato Cavagliere *fagt er ferner*:

Anno 1513. Maffimiliano Sforza Duca di Milano rinonció alli fudetti Griggioni tutte le fue pretenfioni fopra li Sudetti Luoghi (Valtellina Chiavena & Bormio) in ampla forma. Il fimile fece anche il fuo Fratello Duca Francefco Sforza l'anno 1531. .

(217) *Siehe* La Valtelline ou Mémoires, Difcours & Traités fur les troubles de Valtelline pag. 24. Edition de Genève.

(218) *Man fehe die Beylage Lit. AA.*

(219) Freheri Scriptor. Rer. Germanic. Tom. 3. pag. 206. & feqq.

(220) *Man fehe diefes Document bey Lünig*, Codice Italiæ Diplomatico pag. 426. N°. 19. *und* Tom. 16. Script. Rer. Italic. Muratorii.

in Annal. Mediolanenf. Cap. 158., Column. 824.

(221) Vid. Titulo Officii Maleficiorum in Prooemio Determinatio Confinium civitatis Cumarum.

(222) *Siehe* Defcrizzione de Confini dello ſtato di Milano co Griggioni e Svizzeri terminati già per l'Ill.^{mi} Senatori Ducali il Signor. Gio Batta. Speciano allora di CapitanoGiuſtizia & ilSignor. Marco Barbavara. li 4. Lug. 1551. prodotta dall Signor. Gaſpare Stampa Sindico Generale del Contado di Como avanti l'Ill.^{mi} Signori Comiſſarii Milaneſe e Griggioni li 4. Lug. 1763. in Chiavenna.

(223) *Siehe im Archif löbl. gemeiner Landen die Originalſchrift dieſes Antrags, under dem Titel: etlich Pünkten und Artikel, ſo des Künigs Philippi Geſandten fürgehalten, der Pündnus halb, ſo er mit den Herren Pündtneren begehrt, ufzerichten. Des erſten; daſs ein Theil dem andern verbunden ſey, das*

Land ſo ſy zu diſen Zyten beſitzen, helfen beſchirmen.

Des ſiebenden. Daſs den Unterthanen der Herren Bündtner feil Kauf, Handel und Wandel in des Künigs Landt erlaubt ſy.

(224) *Man ſehe den. Entwurf dieſes Tractats im Archif gem. Landen.*

Art. 1. Verbindt ſich der König kein Paſs noch Durchzug denjenigen durch das Herzog-thum Meyland zu geſtatten, die etwas zum Schaden der Bündtner, oder ihrer Unter-thanen-Landen vornemmen wollten.

Art. 3. Wird den Bündtnern und ihren Unterthanen im ganzen Herzogthum May-lands der freye Handel und Wandel geſtattet. Ein Auszug aus dieſem Traktat ſteht im Buch la Valtelline, pag. 40. Beylag Lit. S. iſt er ganz da.

(225) *Man ſehe dieſes Bündniſs; es heiſst, Art. 1. Daſs zwiſchen Ihro Majeſtät (Phi-lipp dem Dritten, als Herzog zu Mayland,*

und den gem. 3 Bünden, famt ihren Unterthanen des Veltlins, Worms und der Graffchaft Clefen eine wahre, aufrechte und ewige Freundfchaft feyn foll.

Eine genaue Abfchrift diefes Bündniffes befindt fich im Buch la Valtelline, pag. 110.

Una Copia egualmente efatta in Lingua Italiana fi troua nelle. Mémoires d'Etat, contenant les pratiques faites depuis l'an 1574. jufqu'à cette année 1625, pour rendre inutile l'Alliance de France, avec les Cantons Suiffes & Grifons, pag. 112.

(226) Vedi l'Originale di tal Confederatione oue fi legge nell' Articolo fecondo che fua Maeftà non hàvendo occupato li d.ti Paefi per altro che per le Raggioni dette di fopra di foccorrere & di favorire gli Opprefi in materia di Religione permette ed e venuta in refolutione in nome di S. M. Catt.ca che la d. Valtellina Contado di Bormio e Nova con le fue pertinenze fituato nel Contado di Chiavenna, ritornino incontinente *Sotto l'antico*

*Poſſeſſo e priſtino Dominio authorita e po-
ſteta della d⁺ᵉ Legha Griſa e dell'altre due
Leghe e Comunita* che concorreranno a for-
mare la preſente Capitulazione. *Ein Auszug
aus dieſem Tractat ſteht auch im* Theatro Europeo Tom. 1. pag. 566.

(227) Voyez Négociations du Maréchal de Baſſompierre en Eſpagne, pour le rétabliſſement
de la Valtelline , Manuſcr. qui ſe trouve
dans la Bibliothèque de St. Germain.

(228) Voyez le Traité de Madrid pour le Rétabliſſement de la Valtelline entre le Sieur
de Baſſompierre, Ambaſſadeur extraordinaire ;
le Sieur Comte de Rochepot , Ambaſſadeur
ordinaire de S. M. T. Chr. en la Cour de
Madrid , & les Seigneurs Hierome , Caimo e
Jouan de Cerica , Commiſſaires de S. M. C. ,
fait le 25 Avril 1621. à Madrid. Il ſe trouve,
per extenſum, dans le Mercure français de
l'année 1622. pag. 329.

Dans le Livre la Valtelline , pag. 238.

Dans les Mémoires d'Etat citées ci-deſſus pag. 160.

Im Theatro Europeo Tom. I. pag. 571. *und in andern Zeitbüchern.*

(229) Lavizzari memoric Iſtoriche Lib. 6. pag. 223. Quadrio Diſſert. Tom. 2. p. 272. Sprecher Hiſt. motuum p. 253. *Die drey Bitt-ſchriften heiſſen:*

I. Il Clero e Catholici di Valtellina alla Santita di N. S. Papa Gregorio XV, *fangt an* Vediamo noi Catholici &c.

II. Alla Maeſta Chriſtianiſsm. il Clero e Catholici di Valtellina, *fangt an*, Confeſſiamo noi Catholici &c.

III. Alla Cath^{ca} Maeſta il Clero & Catholici di Valtellina, *fangt an*, l'Eſtrema neceſſita.

(230) Capitulat. tra il Signor. Duca de Feria a nome di S. M. Cath^{ca} Filippo Quarto come Duca di Milano e li Deputati della Legha Griggia e Caddè e Signoria di Majenfeld ſtabilita a Milano li 15. Genaro 1622.

Articolo primo, per fcivare & evitar novi rumori guerre & inquietudini hanno avuto per bene le due Leghe Grifa e Caddè e Signoria di Mejenfeld di venire nella refolutione fequente. E cofi noi li fuddetti Ambafciadori e Procurarori delle dette due Leghe e Signoria in nome di tutte le fudette Comtà e di ciafchuna d'effe, fuoi Popoli & Abitanti ci contentiamo ed obligiamo noi fteffi e le dette noftre Comtà e popoli che dal Giorno della data della prefente Capitolaz. inanti & in perpetuo tutta laValle dellaValtellina e contadodi Bormio e fuoi Territorii Communita, Luoghi, Terre, Popoli ed Abitanti di qualfivoglia qualità prèeminenza condizione e feffo che di prefente vi fi trovano o fi troveranno in ogni tempo avenire abbino da reftar liberi efenti e fuora del Dominio, Giurisdizione, Authorità Podeftà e Signoria delle dette due Leghe. Grifa e Caddè e Signoria di Meyenfeld fenza che preffo di luoro refti alcuna forte di Dominio ne effercizio di Giurisdizione ne adminiftrazione fopra la Religione od altra cofa toccante o dipendente da effa, ne in quel che

tocca al Governo temporale e politico Giurisdizione Ciuile o Criminale o alcuna caufa
dipendente & emergente da effa ne all' en-
trate redditti datii, gabelle, vettigali, pe-
daggi impofitioni, o altra qualfi voglia forte
d'entrata reftando le dette due Leghe e Signoria di Mayenfeld fenza alcuna rifervazione
*di Dritto o Raggione Dominio diretto fo-
premo fovrano ne utile che abbino tenuto o
goduto unitamente o feparatamente o in altro
qualfivoglia modo* che l'abbino poffeduto
od efercitato &c.

Nel fecondo Articolo,

Promettono li Commiffari e Deputati della
Valtellina e Contado di Bormio di pagare
alle due Leghe Grifa e Cadde e Signoria di
Mayenfeld ogni anno venticinque milla Scudi
di 24 Bazzi per Scudo moneta del Imperio
conforme al Corfo uero e reale che avrà alla
Padella del Sale &c.

*Diefes Capitulat ift öfters in verfchiedenen
Sprachen gedruckt worden, und findet fich im
Mercure françois im 10ten Band ad ann.* 1624.
pag. 131.

(231)

(231) Vedi Atto del Depofito della Valtellina e Contado di Bormio nelle mani di S. S. Gregorio Papa XV. Mercure françois l. c. p. 152.

(232) *Diefer im Hornung* 1624. *gemachte Entwurf fteht in* Londorpio Suppleto *im Theil* 2. N . 96.

(233.) Vid. Traité de Monfon, Article premier. Que leurs Majeftés défirans de fe réduire en leur amitié & bonne correfpondance, fi elle étoit tant-foit-peu altérée par les incidents arrivés entre les Seigneurs Grifons & les Valtellins, avec entière & réciproque fatisfaction & conformité; unanimément ont réfolu, réfoluent, capitulent & promettent de remettre les affaires desdits Seigneurs Grifons Valtellins, Comtés de Bormio & Chavenne, où elles étoient quand ces premiers troubles ont commencé parmi eux, que l'on préfuppofe avoir été au commencement de l'année mil fept cent dix-fept, fans altérer ni innover chofe du monde, en l'état où elles fe trou-

M

voient pour-lors. Annullans pour tel effet tous Traités faits depuis ladite année mil six cent dix-fept avec les Grifons, par qui ce puiffe être, à la réferve des reftrictions conte-tenues en la préfente capitulation.

Voyez la Copie authentique de ce Traité, qui fe trouve dans les Archives des trois Li-gues.

Man findet ihn auch im Theatro Europeo Tom. I. pag. 955. Mercure françois à la fin du Tom. 12.

Im Buch la Valtelline fol. 294. *und in Spre-chers* Hiftoria motuum. pag. 452.

(234) Voyez la Déclaration des Seigneurs Am-baffadeurs de France, fur les Articles du Traité de Monfon, faite à la Diète, tenue à Soleure en Janvier 1627, où il eft dit:

Donc que nous vous faifons entendre, que par les premières paroles dudit Traité il eft dit & entendu: que les deux Couronnes remet-tent les chofes & affaires des Grifons & de la Valtelline enfemble des Comtés de Bor-mio & de Chavenne en même pareil état,

qu'elles étoient l'an 1617. fans aucune inno-
vation ni changement, entendáns lesdites deux
Couronnes, que toute l'autorité décente &
convenable Souveraine, Majeure & Supérieure
des Grifons fur la Valtelline, Comtés de Bormio & de Chavenne, que de ce temps-là &
toujours les Grifons ont eu en tous ces lieux-
là, fans que par ci-après y foit innové ni
changé chofe aucune, leur demeurera propre
& affurée, fors & excepté feulement la référve
de ce qui s'enfuit. Chofe à la vérité qui donne
à connoitre, que la feule Souveraineté & entière Supériorité eft refervée aux Grifons, fans
y comprendre les Valtellins, ainfi comme elle
étoit ci-devant, puifque les Exceptions &
Confidérations fuivantes, ne touchent aucunement la Souveraineté, mais parlent feulement de l'exercice de la Religion catholique &
de l'Election des Officiers fans autre chofe :
ce qui n'a nulle union ni connexité avec la
Souveraineté, comme il fe peut aifément comprendre, fur ce que vous autres Meffieurs
poffédés en plufieurs & divers endroits l'Autorité fupérieure ou Souveraineté, lesquels lieux

M 2

les peuples ne fe conforment nullement avec
vous, pour ce qui touche la Religion, ce qui
pourtant n'affoiblit aucunement votre Souveraineté, ainfi que Meffieurs les Grifons le
comprennent & l'entendent fort bien, puif-
qu'ils ont confenti à ce qui eft dit au fecond
Article du Traité, lequel accorde le feul exercice de la Religion catholique en la Valtelline.
Im *Archif des löblichen Stands Zürich*, und
im *Buch* la Valtelline pag. 330.

(235) Extrait de la Déclaration du Roi fur l'Ex-
plication du Traité de Monfon, donnée le 6
Juin 1628, où il eft dit :

Qu'en conféquence du même premier Article dudit Traité de Monfon, qui remet les
affaires desdits Grifons, Valtelline, Comtés de
Wormio & Chavenne en l'état où elles étoient
en l'année 1617, fans altérer ni innover chofe
du monde de l'état, où elles fe trouvoient
pour-lors, à la réferve des reftrictions contenues
par ledit Traité : lesdits Grifons foyent plei-
nement reftitués & rétablis en l'Autorité,
Supériorité & Souveraineté, qu'ils avoient fur

lesdits pays de Valtelline, Comtés de Wormio & Chavenne en ladite année 1617. Qu'à
eux feuls, comme fouverains, & non aux
habitans desdits lieux leurs fubjets, appar-
tient de faire Traité de Paix, d'Alliance &
de Guerre, avec qui que ce foit, d'accorder
ou refufer les paſſages, le droit de battre
monnoie, péage, Daces, impôts & contri-
butions, fans que lesdits Valtellins en puiſ-
fent établir aucunes fur les marchandifes &
danrées entrans & fortans, foit du côté des
pays desdits Grifons, ou ailleurs, fans lettres
& provifions desdits fieurs Grifons, auxquels
demeurera généralement la difpofition de tous
autres droits, dont ils jouiſſoient auparavant
ladite année 1617. *Im Archif der 3 Bünde*
in originali.

(236) Réfolution de Meſſieurs les Députés des
7 Cantons catholiques, à la Diète de Soleure
du 4 Janvier 1627, où il eſt dit : Qu'ils ont
demeurés fatisfaits & contents, en apprenant
que ledit pays de Valtelline eſt de nouveau
réincorporé à notre Corps helvétique ; &

reſtitué entièrement à nos Alliés & Confédérés des trois Ligues, pour leur être & de-
meurer ſujet, ſur lequel ils ayent toute Autorité, Liberté & Souveraineté, comme &
tout ainſi qu'ils avoient auparavant. Livre
la Valtelline, pag. 335.

(237) Vauciennes ſur l'origine des Guerres,
Tom. 2. pag. 95. 47. 207.

Ferners Articula Pacis Italiæ ſubſcripta Ra-
tisbonæ die 13. Menſis Octobris 1630. Articulo
12. apud Lohndorpium ſupplet. & continuat.
Parte tertia N°. 110. *und vornemlich den*
Trattato ſovra l'eſecutione della Pace in Italia fatto a Chieraſco li 6 Aprile 1631. ed
aggiuſtam to delli 19. Giugno di detto Anno

— —

*welcher Friedenstractat durch den § 92. und
§ 93. des zwiſchen dem Kayſer und dem
König von Frankreich den 24 Octobris 1648.
zu Münſter geſchloſſenen Friedensſchluſs be-
ſtätiget worden iſt.* —

(238) *Dieſes ſteht ausdrücklich im Tractat von*

Monſon ſelbſt in der Einleitung deſſelben, wo es heiſst :

Que dans les choſes concernantes la Valtelline, le propre & ſeul but du Roi Catholique étoit la ſûreté de la Religion catholique - romaine , principale fin de S. M. catholique en toutes ſes actions. *Ferner ſteht das nemliche ebenfalls in der* Propoſitione de Capitoli della Pace con le Riſpoſte di S. M. C. *im Buch* la Valtelline p. 287. Vauciennes l. c.

(239) Lettera del Sr. Franc. Maria Caſnedi delli 10 Giug. 1639. *Beylag Lit. DD.*

(240) Art. 8. ut autem proviſum fit ne poſthac in ſtatu politico controverſiæ ſuboriantur, omnes & ſinguli Electores , Principes & ſtatus Impcrii Romani in antiquis ſuis Juribus, prærogativis , libertate , privilegiis , libero juris territorialis, tam in eccleſiaſticis, quam in politicis , exercitio, ditionibus , regalibus horumquc omnium poſſeſſione , vigore hujus tranſactionis, ita ſtabiliti firmatique ſunto ut

a nullo nunquam fub quocunque prætextu de
facto turbari poffint vel debeant. —

(241) Art. 6. Cum item Cæfarea Majeftas ad
quærelas nomine civitatis *Bafilienfis & uni-
verfæ Helvetiæ* coram ipfius Plenipotentiariis
ad prefentes Congreffus deputatis propofitas,
fuper nonnullis proceffibus & mandatis exe-
cutivis a Camera imperiali contra dictam civitatem aliosque Helvetiorum unitos Cantones
(*Im deutfchen Original heifst es* , *und andere
der Eidgenoffenfchaft verbundene Stände*) eorumque Cives & Subditos emanatis, requi-
fita ordinum Imperii Sententia & Confilio,
fingulari Decreto die 14 Maji anno proxime
præterito declaraverit ; prædictam civitatem
Bafilcam ceterosque Helvetorum Cantones
in Poffeffione vel quafi , plenæ libertatis &
exemptionis ab imperio effe ac nullatenus
ejusdem imperii dicafteriis & judiciis fubjectos,
placuit hoc idem huic Pacificationis Conven-
tioni inferere ratumque firmumque manere.

*Man fehe hierüber Mofers gerettete völlige
Souverainität der löblichen Schweitzerifchen*

Eidgenoſſenſchaft. Tübingen 1731, *und die Acta und Handlungen, betreffend gemeiner Eidgenoſſen Exemption; gedruckt* 1651.

(242) Art. 17. Hac pacificatione comprehenduntur ex parte Sereniſſimi Imperatoris omnes Suæ Majeſtatis fœderati. . . . . fœderati Belgii, Helvetiæ, Rhetiæque, Ex parte Sereniſſimæ Reginæ Sueciæ. Helvetii Rhetique —

(243) Pax ſit univerſalis & perpetua veraque & ſincera Amicitia inter ſacram Majeſtatem Cæſaream & Sacram Majeſtatem Chriſtianiſſimam nec non inter omnes & ſingulos fœderatos & adherentes dictæ Majeſtatis Cæſareæ, Domum auſtriacam eorumque Hæredes & omnes & ſingulos fœderatos dictæ Majeſtatis Chriſtianiſſimæ, *ſagt gleich Anfangs der erſte § dieſes Friedens, und der zweyte, fünfte und neun und dreyſſigſte, ein und vierzigſte, beſonders der ein und ſechszigſte, der mit dem oben angeführten* 6*ten Artikel des Schwediſchen Friedens-Inſtruments von Wort zu Wort* *gleichlautend ift , enthalten wichtige Bünden damals und noch jetzt , nicht gleichgültige Vorkehrungen.*

(244) Traité de Paix entre la France & les Etats généraux des Provinces unies, figné à Utrecht l'onzième Avril 1713.

Article 37. En ce préfent Traité de Paix feront compris — de la part des Seigneurs Etats généraux, les treize louables Cantons des Ligues Suiffes & leurs Alliés & Confédérés, & particulièrement en la meilleure forme & manière que faire fe peuvent les Republiques & Cantons évangéliques avec tous leurs Alliés & Confédérés. Item, les Ligues Grifes et dépendances.

(245) *Unvorgreiflicher Entwurf einer Verbefferung des Juftitz-Wefens , famt Erläuterungen und Antwort des Thalcanzlers des Veltlins vom 20 Heum. 1791. In den Beylagen Lit. CC.*

(246) *Brief des Hrn. Fifcale Francefco Maria Cafnedi an die Herren Häupter und Räthe*

*gemeiner drey Bünden vom 10 Juni 1639. In
den Beylagen Litt. DD.*

(247) Progetto fatto dalli SS.ri Griggioni cafo
che il Cenfo o Tributo propofto dal Signor.
Fifcale Cafnedi foffe accettato. Anno 1639.
gli 17. Giugno, e contra Progetto fatto per
parte della Veltellina, *laut Beylag Litt. EE.*

F I N I S.

Zeitfracht Medien GmbH
Ferdinand-Jühlke-Straße 7
99095 Erfurt, Deutschland
produktsicherheit@kolibri360.de